Die Rechtsphilosophie

des

Jean Jacques Rousseau.

Ein Beitrag zur Geschichte der Staatstheorieen

von

Dr. jur. et phil. M. Liepmann,
Privatdozent der Rechte an der Universität Halle.

BERLIN SW. 48
Wilhelmstr. 119/120
J. Guttentag, Verlagsbuchhandlung.
1898.

DEM ANDENKEN

MEINES GELIEBTEN VATERS

GEWIDMET.

Inhaltsverzeichnis.

Die Veröffentlichung der nachfolgenden Untersuchungen hat sich infolge von äufseren Umständen wesentlich verzögert. Aus der inzwischen erschienenen Literatur ist besonders zu erwähnen die Hallenser juristische Inauguraldissertation von *Franz Haymann*, der Begriff der Volonté générale als Fundament der *Rousseau*'schen Lehre von der Souveränität des Volkes (Leipzig, 1897). Hier wird eine durchaus originelle Auffassung der Rechtsphilosophie *Rousseaus* vertreten. Aber die Arbeit ist nur ein Einzelabschnitt aus einer zu erwartenden gröfseren Schrift und trägt dementsprechend einen fragmentarischen Charakter. Aus dem bisher Gebotenen ist schlechterdings nicht zu entnehmen, worauf der Verfasser seine Ansicht stützt. Daher konnte die Schrift in der vorliegenden Arbeit nicht berücksichtigt werden.

Einleitung.

Die Darstellung der rechtsphilosophischen Lehren *Rousseaus* in unseren Tagen wird manchem als überflüssige Ausgrabung eines längst nach Gebühr Gewürdigten erscheinen. Und in der That läſst sich zur Stütze dieser Meinung mancherlei anführen.

Wir haben eine reiche Literatur über *Rousseau*, deren liebloser Sorgfalt kaum ein Ereignis seines Lebens entgangen ist. Und das gleiche Schicksal scheint seinen Gedanken widerfahren zu sein. Von den Vertretern der verschiedensten Wissensgebiete sind sie nach den verschiedensten Gesichtspunkten beleuchtet und in gleicher Überschwänglichkeit von den einen verehrt, von den anderen verdammt worden. Daher kann leicht der Glaube enstehen, es handle sich hier um vollkommen abgeerntetes Land, das der Nachlese nur wenige oder vielleicht gar keine lebensfähigen Körner bietet.

Vollends, der Jurist wird geneigt sein, diesem Manne mit Miſstrauen zu begegnen. Denn die Staatstheorie des *Rousseau* gehört dem Naturrecht an. Und es giebt kaum eine zweite wissenschaftliche Bewegung, die mit solcher Animosität und Schärfe als irrtümlich und gefährlich angegriffen wird, als gerade das Naturrecht. Wem es gelingt, in juristischen oder sozialphilosophischen Diskussionen eine Ansicht auf diese Quelle zurückzuführen, — dem liegt ein weiterer Nachweis ihrer Verkehrtheit nicht mehr ob. „Naturrechtlich" und „falsch" sind seit den letzten Dezennien für die überwiegende Meinung der Juristen gleichbedeutend geworden. Wozu also — wird man mir einwenden — aufs neue die Aufmerksamkeit auf Probleme hinlenken, über die längst die Akten geschlossen sind?

Ich bin nach beiden Richtungen hin andrer Ansicht. Freilich mufs zugegeben werden, dafs jene skeptischen Bedenken berechtigt sind, solange man nur die traditionellen Urteile über *Rousseau* kennt. Wer aber nicht blofs von den Meinungen über seine Rechtsphilosophie Notiz nimmt, sondern diese selbst mit kritischem Blick mustert, wird zu der Überzeugung gelangen, dafs der Umfang der *Rousseau*-Literatur in einem geradezu verblüffenden Mifsverhältnis zu dem in ihr niedergelegten Gedankeninhalt steht, und dafs wohl wenigen Menschen die geschichtliche Beurteilung so wenig gerecht geworden ist, wie gerade *Rousseau*.

Die Hochflut der politischen und wirtschaftlichen Umwälzungen, die unmittelbar seiner Zeit folgten, und deren drohende Vorboten bereits seine Lebenstage trübten, die Thatsache, dafs einige lärmende Führer der französischen Revolution seine Lehren als ihr Programm aufstellten, kurz: eine Reihe von Ereignissen, die mit seinen theoretischen Anschauungen in keineswegs typischem Zusammenhang stehen, haben zur Folge gehabt, dafs man ihn, vorschneller Verallgemeinerung erliegend, für den „intellektuellen Urheber der französischen Revolution,“ ja für den Apostel des Umsturzes überhaupt gehalten hat. Damit aber hatte sich die Beurteilung zu einem Schlagwort verdichtet. Und wie es in solchen Fällen zu gehen pflegt, so geschah es auch hier.

An die Stelle objektiver Sachwertung traten Deklamationen der Leidenschaft, die Verpflichtung zu historischer Treue wurde verdrängt durch die Vorurteile einer, sei es freundlichen oder feindlichen Parteistellung. So wurde allmählich die Gedankenwelt des Mannes, der einen *Kant* in seinen sozial- und rechtsphilosophischen Ideen ausschlaggebend beeinflufst hatte, zur Spezialdomäne der Publizisten und Realpolitiker: so verwandelte sich der „Contrat social“ (um den es sich hier vorwiegend handelt) aus einem Lehrbuch der Rechtsphilosophie in eine Waffe zur politischen Agitation. Dem Historiker kann die Entscheidung überlassen bleiben, in wieweit *Rousseau* und seine Lehren für diesen Entwickelungsprozefs verantwortlich zu machen sind. In diesem Zusammenhang handelt es sich um den Nachweis des Fazits jener Entwicklung, um die Betonung, dafs der prinzipielle Gehalt der Gedanken *Rousseaus* durchaus entstellt von der Tradition reproduziert wird. Und zwar sind namentlich zwei Irrtümer der Überlieferung nachzuweisen. Der eine betrifft die Grundlage von *Rousseaus* Rechtsphilosophie, den Vertragsgedanken, der andre seine Stellung zu wirtschaftlichen Fragen, genauer zum Privateigentum.

Zu den fossil gewordenen Irrtümern der *Rousseau*-Kritik gehört in erster Reihe die historische Auffassung seines Staatsvertrages. Dieser wird nämlich als Grund der Entstehung des Staats- und Rechtslebens aufgefaſst. Der Staat soll nach *Rousseau* durch die vertragsmäſsige Vereinigung aller mit allen erzeugt sein in dem Sinn, daſs die vereinigte Masse, das souveräne Volk, zum Wohle der einzelnen Individuen Gesetze erläſst und mit ihrer Ausführung einzelne Personen beauftragt. Diesem Standpunkt gegenüber hatte man allerdings leichtes Spiel. Der Historiker wendete gegen ihn ein, daſs die Genesis der Staaten niemals, oder — wie er vorsichtiger hätte sagen sollen — nur höchst vereinzelt auf dem Wege eines Vertrages erfolge, und daſs daher das System des *Rousseau* den „Thatsachen der Geschichte" widerstreite. Der Politiker aber brachte die folgenden Deduktionen vor. Ihm erschien es zunächst widersinnig, daſs ein einmal geschlossener Vertrag auch sämtliche Nachfolger der Kontrahenten binden sollte. Und andrerseits sei ja ein Vertrag aller mit allen um deswillen eine Unmöglichkeit, weil es ja stets Unmündige und Handlungsunfähige gebe, deren Willensäuſserung bei der Gründung des Staats nicht beachtet werde. Der Grund, warum auch diese Personen ohne Rücksicht auf ihre Einwilligung dem Rechtsverband unterliegen, sei vom Standpunkt der Vertragstheorie nicht zu begreifen. In ermüdendem Einerlei wiederholen sich diese Weisen der Polemik seit länger als hundert Jahren. Und es würde fürwahr nicht die Mühe einer erneuten Nachprüfung seiner Rechtsphilosophie lohnen, wenn *Rousseau* wirklich jenen naiven Standpunkt vertreten hätte. In Wahrheit aber war seine wissenschaftliche Intention auf ein ganz anderes Ziel gerichtet. Der „Contrat social" will nicht die Entstehung des Staates, sondern seinen Wert darlegen. Ihn interessieren nicht die kausalen Faktoren der Rechtsgründung, sondern die idealen Maſsstäbe zur Beurteilung des Rechts. Daſs diese Problemstellung in der That den Gedanken *Rousseaus* entspricht, daſs sie namentlich auch heute noch einen bedeutungsreichen Sinn für die Rechtswissenschaft beanspruchen darf, wird in der Arbeit des Näheren auszuführen sein.

Ebenso verbreitet und ebenso „stichhaltig" ist die, vorwiegend von Nationalökonomen vertretene, Meinung, daſs *Rousseau* als Vorläufer des Sozialismus anzusehen sei. Die Geschichte der Entstehung dieses Vorurteils — denn das ist es — kann leicht verfolgt werden. Sie erklärt sich einmal aus der immer noch recht krassen Unklarheit über den Begriff des Sozialismus, dann aber aus der traditionell gewordenen flüchtigen Art, sich über die Gedanken *Rousseaus* zu orientieren. Dabei konnte es denn nicht ausbleiben, daſs gerade diejenigen Stellen aus seinen Werken, in den die ruhige Deduktion durch die Ausbrüche seines leidenschaftlichen Temperaments verdrängt wurde, im Gedächtnis besonders haften blieben und, aus dem System herausgerissen, in arger Übertreibung interpretiert wurden. So wurde seine kraftvolle Kritik entarteter Eigentumsverhältnisse zu einer prinzipiellen Negierung des Privateigentums überhaupt umgedeutet in der gleichen Weise, wie man seinen Kampf gegen die Überkultur als Verdikt gegen die Kultur überhaupt auslegte. Wer aber die Gedanken *Rousseaus* nach ihrer sachlichen Bedeutung wertet, wird erkennen, daſs er die „Kollektivierung der Produktionsmittel" weder als erstrebenswert forderte noch als notwendigen Endpunkt der Entwicklung voraussah. Vielmehr erblickt er in dem Privateigentum gerade die wertvollste Grundlage und das sicherste Bollwerk der Rechtsordnung.

Soviel, um glaubhaft zu machen, daſs die Rechtsphilosophie des *Rousseau* keineswegs zu den sicher erforschten Gebieten der Wissenschaft gehört. Und der Verlauf der Arbeit wird zeigen, daſs die Zahl eingewurzelter Irrtümer nicht etwa mit den bisher angeführten erschöpft ist, sondern daſs der Interpret der Gedanken *Rousseaus* auf Schritt und Tritt mit der Schwierigkeit zu kämpfen hat, den im Sinne des Autors richtigen Sinn festzustellen und gegen die Tradition zu verteidigen. Das aber ist Grund genug zu einer Revision seiner Lehren.

Aber meine Ausführungen wollen nicht bloſs historisch klar legen, was irgend ein Jemand irgendwann über das Recht reflektiert hat, sondern sie wollen zugleich sachlich interessieren: sie wenden sich nach ihrer Grundabsicht an den modernen Juristen. Hiergegen aber werden sich die stärksten Zweifel richten. Denn dem gegenwärtigen Stand der Meinungen entspricht nicht allein ein intensives Miſstrauen gegen die speziellen Gedankenkreise des Naturrechts. Die Rechtsphilosophie überhaupt liegt weit abseits von dem Lande, dessen Bebauung die Vertreter der Rechtswissenschaften als Pflicht empfinden. Die Fülle der den Juristen gerade in unsrer Zeit umdrängenden Aufgaben konkreten Inhalts läſst ihn leicht und oft die Bedeutung prinzipieller Untersuchungen übersehen. So lassen sich auf die Rechtsphilosophie in entsprechender Variierung die Worte übertragen, mit denen *Kant* einst das Schicksal der dogmatischen Metaphysik charakterisierte: es war eine Zeit, in welcher sie die Königin aller Wissenschaften (des Rechts) genannt wurde. „Jetzt aber bringt es der Modeton des Zeitalters so mit sich, ihr alle Verachtung zu beweisen, und die Matrone klagt, verstoſsen und verachtet wie *Hecuba*: modo maxima rerum, tot generis natisque potens — nunc trahor exul inops. . . .“ [1])

Diesen Anschaungen ist aufs schärfste entgegen zu treten. Es ist einmal nicht wahr, daſs die Beschäftigung mit der Philosophie des Rechts eine veraltete und unfruchtbare Thätigkeit darstellt. Vielmehr ist die Rechtsphilosophie mit Fug nach dem Charakter ihrer Probleme den Einzelwissenschaften des Rechts als selbständige und gleichberechtigte Gefährtin anzureihen. Und zuzweit bin ich der Meinung, daſs der laute Kriegsruf gegen das Naturrecht keineswegs die ihm zu Grunde liegende Idee trifft, daſs diese selbst durchaus berechtigten wissenschaftlichen Interessen entspricht. Beides ist an dieser einleitenden Stelle freilich des Näheren nicht auszuführen, wohl aber insoweit anzudeuten, als es in die Problemlage der Lehren *Rousseaus* einführt.[2])

Würde das Recht in einer vollständigen und jedes Zweifels baren Paragraphensammlung bestehen, so bedürften wir allerdings keiner Rechtsphilosophie neben den Einzeldisziplinen des Rechts. Das Recht würde dann mit technischen Anweisungen zusammenfallen, die in lückenloser Sammlung alles für die Beteiligten Wissenswerte kundthun. Die Aufgaben der Rechtswissenschaften würden unter dieser Voraussetzung zusammenschrumpfen zu einer bloſsen Beschreibung und wörtlichen Erklärung jener Bestimmungen. Wir

---

[1]) Vorrede zur ersten Auflage der „Kritik der reinen Vernunft.“

[2]) Vergleiche zu dem Folgenden meine Abhandlung über „die Bedeutung *Adolf Merkels* für Strafrecht und Rechtsphilosophie“ in der Zeitschr. f. d. ges. Strafrechtswissenschaft Bd. 17, S. 658 ff.

haben aber jenen naiven Glauben längst aufgegeben und wissen, dafs unsere Wissenschaft wesentlich komplizierter ist. Und jeder, der Rechtswissenschaft getrieben hat, weifs, dafs auch die Behandlung scheinbar entlegener Gebietsteile des Rechts mit Notwendigkeit, sofern sie gründlich durchgeführt wird, auf allgemeinere Probleme führt, weifs, dafs wir auch die speziellsten Gesetzesbestimmungen nicht interpretieren und anwenden können, ohne auf die „rationes legum“ zurückzugehen. Was wir aber als „Sinn des Gesetzes“ oder als „Wille des Gesetzgebers“ bezeichnen, ist nicht einfach aus den Paragraphen herauszuklauben oder durch gelegentliches Experimentieren zu ermitteln. Wer ein Gesetz verstehen will, mufs sich klar geworden sein, was denn für seine Untersuchung wesentlich ist, d. h. nach welchen Gesichtspunkten er einzuordnen und auszuscheiden hat. Um aber zu wissen, was für ein einzelnes Rechtsgebiet wesentlich ist, mufs ich zugleich vertraut sein mit dem, was für das Recht überhaupt wesentlich ist. Denn ich kann wiederum dem speziellen Rechtsstoff nichts für die Beantwortung der Frage entnehmen, woran ich die Rechtsqualität jener Vorschrift erkennen und nach welchen Prinzipien ich die Grenzen ihrer Gültigkeit und ihre Abgrenzung von Verordnungen anderer Art bestimmen kann. So setzt für jede Untersuchung, die nicht blofs gefühlsmäfsig im Dunkeln tappen will, das Wissen von den Rechten ein Wissen vom Recht voraus. Diesem Zweck dient die Rechtsphilosophie: sie hat den allgemeinen Obersatz zu bestimmen, unter den die von den Einzelwissenschaften des Rechts dargebotenen Untersätze zu subsumieren sind. Erst hierdurch wird das einzelwissenschaftliche Rechtsmaterial zu einer systematischen Einheit, erst hierdurch wird das Wissen zu einer Wissenschaft.

Indessen sind damit die Funktionen der Rechtsphilosophie keineswegs erschöpft. Die Einzeldisziplinen des Rechts verlangen nämlich zweitens eine Ergänzung, sofern es sich um die Beurteilung des Rechts handelt, sofern wir das bestehende Recht kritisieren und Vorschläge zu seiner Verbesserung machen wollen. Denn das Recht handelt nicht von dem, was nach Naturgesetzen geschieht, sondern von dem, was um bestimmter menschlicher Zwecke willen geschehen soll. Will ich also eine Rechtsregel auf ihren Wert beurteilen, so mufs ich prüfen, ob sie den vom Recht zu verfolgenden Zwecken förderlich, genauer: ob sie ein taugliches Mittel zur Erreichung berechtigter Zwecke ist, Und diese Frage kann nicht, wie man geglaubt hat, entschieden werden unter Beschränkung auf ein Spezialgebiet. Ein Beispiel statt vieler. Wir streiten seit Jahren über die Reform der Freiheitsstrafe. Es kann dem Laien so erscheinen und erscheint leider auch dem Strafrechtspraktiker nicht ganz selten so, als könnten wir diese Frage endgiltig beantworten auf Grund einer gröſseren Anzahl von Beobachtungen: die Erkenntnis, daſs eine bestimmte Art der Strafvollstreckung gröſsere Übel, als Vorteile im Gefolge habe, soll zugleich die Mittel zur Abhilfe lehren. In Wahrheit ist das eine vom wissenschaftlichen Standpunkte nicht ernst zu nehmende Naivität. Denn wenn jemand eine Strafe als tauglich oder untauglich bezeichnet, so setzt er sie damit notwendig in Beziehung zu einem bestimmten Zweck und kann daher weder von Vorteilen noch Übeln reden, sofern er sich nicht über den für jene Strafe zu postulierenden Zweck im klaren ist.

Wer also mit Reformvorschlägen aufwartet, ohne methodisch geprüft zu haben, was er denn von der Strafe überhaupt erwarten darf, welche Aufgaben sie erfüllen soll, redet, auch wenn er über das Beobachtungsmaterial eines *Laplace*schen Geistes verfügen könnte, völlig ins Blaue hinein. Und es läſst sich weiter mit Leichtigkeit zeigen, daſs selbst die prinzipielle Untersuchung der Strafzwecke nicht geführt werden kann unter völliger Isolierung des Begriffs „Strafe". Denn die Strafe ist ja nur eine Spezies neben einer Reihe von Rechtsfolgen des Unrechts. Ihren Begriff kann daher nur derjenige bestimmen, der die Eigentümlichkeiten der nächsthöheren Gattung kennt; nur unter dieser Voraussetzung lassen sich ihre speziellen artbildenden Merkmale fixieren. Da nun „Rechtsfolgen des Unrechts" Gegenwirkungen gegen das Unrecht im Sinne des Rechts, d. h. zur Förderung der von dem Recht anzustrebenden Zwecke sind, so ergiebt sich, daſs wir die Frage nach der rationellen Ausgestaltung einer Strafart nur lösen können, falls wir ein gegründetes Wissen von den Aufgaben des Rechts überhaupt erworben haben.

Und der hier geschilderte Vorgang ist für die Rechtswissenschaft durchaus typisch. Infolge der Einheit ihres Gebiets treibt die Entscheidung einer speziellen Frage mit Notwendigkeit auf die Frage nach den allgemeinen Zielen des Rechts überhaupt. Wer bei der Behandlung des Rechts seinen Weg nicht im Dunkeln suchen will, mufs zu diesen Fragen Stellung nehmen. Der Rechtsphilosophie aber liegt es ob, sie in einheitlichem Zusammenhang in Angriff zu nehmen.

Die Aufgaben der Rechtsphilosophie bestehen hiernach in der Bestimmung der Voraussetzungen und Ziele des Rechts. Mit dieser Begriffsbestimmung decken sich aber vollkommen die Bestrebungen des Naturrechts. Die Naturrechtstheorieen bezwecken durchweg die Beantwortung zweier Fragen. Erstens wollen sie eine Erklärung der Rechtsordnung geben, indem sie die Prämissen entwickeln, aus denen sich die Rechtsordnung für unser Denken notwendig ergiebt. Zweitens wollen sie das Problem der Beurteilung des Rechts entscheiden und also die Frage beantworten, welche Zwecke die Rechtsordnung verfolgen soll. —

Damit ist die Existenzberechtigung der Rechtsphilosophie wie der naturrechtlichen Fragestellung dargethan und damit zugleich das Fundament geebnet, auf dem wir nunmehr das Gebäude *Rousseau*scher Gedanken errichten können.

Erstes Buch:

Die Vorgänger des Rousseau.[1]

I.

Die Darstellung der geschichtlichen Entwicklung bis auf *Rousseau* rechtfertigt sich durch die Erkenntnis, daſs seine Lehren aufs engste mit dem traditionellen Bestand naturrechtlicher Ideen verwachsen sind, über diesen Zusammenhang aber hinwegtäuschen infolge der *Rousseau* eigentümlichen Art, seiner Vorgänger nur, wenn er sie widerlegt, dagegen nicht zu gedenken, wenn er auf ihnen fuſst. Freilich ist daraus nicht das zu folgern, was ihm seine Neider schon zu Lebzeiten vorgeworfen haben, daſs er mala fide den Eindruck von Originalität hervorrufen wolle. Denn wenn er auch in seinen Hauptwerken weder philologischer Zitierungssucht huldigt noch als impulsive Natur das Eigene von dem Überkommenen zu sondern versteht, so hat er doch für alle diejenigen, die nicht bloſs seinen „Contrat social" gelesen haben, seine Abhängigkeit von seinen Vorgängern aufs deutlichste kundgethan. Da sich aber diese Abhängigkeit in seinen systematischen Ausführungen verwischt, so ist die Gefahr, ohne Einsicht in die historischen Zusammenhänge ein völlig verschieftes Bild zu gewinnen, gerade bei ihm besonders groſs. Hierdurch bestimmt sich der Charakter dieser Entwicklungsskizze: sie will in die rechtsphilosophische Gedankenwelt des *Rousseau* einführen und diejenigen Systeme zur Darstellung bringen, durch welche seine eigene Lehre nachweisbar beeinfluſst ist.

Rousseau nennt in den „Briefen vom Berge"[2]) als diejenigen, die die Lehren der Politik, wie er, „abstrakt" — d. h. im Sinne der Zeit, philosophisch — behandelt hätten, *Althusius*, *Sidney*,

---

[1]) Ich zitiere nach der Ausgabe der Oeuvres complètes. Paris-Hachette 1884.
[2]) Werke Bd. 3; sechster Brief S. 206.

Montesquieu und *Locke.*[1]) Desgleichen beweisen wiederholte polemische Bemerkungen,[2]) dafs er den *Grotius* und *Hobbes*, gelegentliche Ausführungen,[2]) dafs er den *Bodinus*, *Pufendorf* und *Spinoza* gekannt hat.

Ehe ich auf diese speziellen Vorgänger eingehe, bedarf es einer kurzen Charakteristik der ihnen allen gemeinsamen Prinzipien, einer Übersicht über die Gedanken und die historische Stellung des Naturrechts.

Die Geburtsstunde dieser Ideen gehört nicht erst den Tagen des *Bodinus* und *Althusius* an, wie man früher glaubte. Vielmehr ziehen sich naturrechtliche Ideen durch das gesamte Mittelalter. Ja, noch mehr. Schon in der griechischen Philosophie — die ja überhaupt ein ergiebiges Feld für Analogieen mit modernen Ideen darbietet — stöfst man auf Aussprüche, die mit dem mittelalterlichen und modernen Naturrecht grofse Ähnlichkeit haben. Indessen jene gelegentlichen und inmitten ethischer Systeme auftauchenden Äufserungen für wirkende Einflüsse zu halten, erscheint allgemein nicht zulässig. Man darf vielmehr weder die Stoiker um ihrer Lehren von dem ὀρθὸς λόγος der Naturgesetze als die „eigentlichen Schöpfer des Naturrechtsbegriffes"[3]) ansehen, noch auch eine direkte Einwirkung der Lehren *Epikurs* — wonach eine Gemeinschaft der Menschen nicht von Natur bestehe, sondern erst aus utilistischen Gründen durch Vertrag zustande komme[4]) — annehmen. Anders verhält es sich mit der „Politik" des *Aristoteles.*[5]) Die Lehre von der Teilung der Gewalten, wie das Majoritätsprinzip, die Anschauung von den Regierungsformen, wie den Staatsumwälzungen, kurz die staatsrechtlichen Grundlehren von *Bodinus* bis *Montesquieu* ruhen auf Aristotelischen Grundlagen. Und der gleiche Einflufs ist der

---

[1]) *Rousseau* erwähnt hier noch den Apostel der Idee des ewigen Friedens, den Abbé von Saint-Pierre. Da dieser indes für die Entwicklung der modernen Rechtsphilosophie wesentliche Bedeutung nicht besitzt, kann er übergangen werden. Über ihn vergl. *Richard Fester, Rousseau* und die deutsche Geschichtsphilosophie. Ein Beitrag zur Geschichte des deutschen Idealismus. Stuttgart 1890; Anhang: die Idee des ewigen Friedens im achtzehnten Jahrhundert 310 ff., ferner unten S. 166 ff.

[2]) Zu *Bodinus* und *Pufendorf* nimmt *Rousseau* in der „Economie politique" S. 305 und S. 294 (Werke Bd. 3) Stellung; *Spinozas* „dangereuses rêveries" erwähnt er in dem ersten Discours Werke Bd. I S. 18. *Hobbes* und *Grotius* werden namentlich im Contrat social hervorgehoben, z. B. III, S. 307, 384; 307—311.

[3]) *P. Klöppel*, Gesetz und Obrigkeit. Zur Klärung des Rechts- und Staatsbegriffs. Leipzig 1891. S. 43.

[4]) Dies thut *Hildenbrand*, Geschichte und System der Rechts- und Staatsphilosophie. Erster Band: das klassische Altertum. Leipzig 1860 S. 515 ff. *Gierke*, Joh. Althusius und die Entwicklung der naturrechtlichen Staatstheorieen Breslau. 1880. S. 96, Anm. 56 tritt ihm mit Recht entgegen.

[5]) Vergleiche zu dem folgenden *Hildenbrand* S. 305 ff.

Aristotelischen Scheidung zwischen dem δίκαιον φύσει und dem δίκαιον νόμῳ zuzusprechen. *Aristoteles* verstand unter dem von Natur Gerechten diejenigen normativen Bestimmungen, die eine durch menschliches Gutdünken nicht bedingte Kraft haben und keiner weiteren Legitimation und Rechtfertigung bedürfen, — während das kraft Satzung Gerechte seinen Grund lediglich in der freien Festsetzung durch die Menschen habe. Die naturrechtliche Ausgestaltung dieses Gegensatzes ist die Lehre von dem natürlichen (ewigen und unveränderlichen) Recht und den positiven — nach Zeiten und Völkern wechselnden — Rechtssatzungen.

Unter natürlichem Recht wird aber ein Mehrfaches verstanden. *Aristoteles* hatte dem δίκαιον φύσει einen doppelten Inhalt gegeben und darunter einmal die Anforderungen des Ethos sowie das für jedes Gemeinleben Notwendige subsumiert. Während die älteren Naturrechtslehrer und namentlich auch *Althusius*[1]) dieser Begriffsbestimmung folgen, d. h. in der Auffassung des natürlichen Rechts auf dem Boden des gesellschaftlichen Lebens verbleiben, wird es für die Späteren Tradition, über das gesellschaftliche Leben in einen Naturzustand zurückzugehen und die Gebote des natürlichen Rechts in dem Zustande eines isolierten Nebeneinander unter Menschen, — also dem geraden Gegenbild sozialer Gemeinschaft zu suchen. In dem Begriff dieses Naturzustandes mit den aus seiner Konstruktion resultierenden Konsequenzen haben wir den Angelpunkt zu erblicken, um den sich alle naturrechtlichen Systeme bewegen. Sieht man von den besonderen Ausgestaltungen ab, die die rechtsphilosophischen Lehren bei ihren einzelnen Vertretern erhalten, so lassen sich als ihnen Allen gemeinsame Gedanken drei herausheben:

1. Die Naturrechtslehrer erblicken das Wesentliche jeder positiven Rechtssatzung in den Zwangsbefehlen einer Staatsgewalt: ihr thema probandum besteht in einer Klarlegung des Ursprungs sowie der Gültigkeit dieser Gebote.

2. Ihre Lösungsversuche stellen sich durchgängig dar als eine Deduktion des staatlichen Zwanges aus dem Willen des Individuums. Dieser individualistische Zug des Naturrechts ist eine völlig gegründete Konsequenz der Annahme eines Naturzustandes d. h. eines Zustandes, in welchem die Menschen in vollständiger Unabhängigkeit und ohne, — zu Recht bestehende — Autoritätsverhältnisse, in „Freiheit und Gleichheit" ihr Leben verbringen.

---

[1]) Vergl. Dicaeologicae libri tres totum et universum jus quo utimur methodice complectentes (zitiert nach *Gierke* S. 43): „Das natürliche Recht wird von der recta ratio communis nach den allgemeinen Bedürfnissen menschlicher Gemeinschaft aufgestellt."

Ob man diesen Naturzustand als Faktum der Geschichte oder zur Erklärung der Rechtsordnung notwendige Fiktion auffafst, ist gleichgültig. In jedem Fall kann unter seiner Voraussetzung der Übergang zu staatlichen Herrschaftsverhältnissen gültig nur erfolgen durch freiwilligen Verzicht der einzelnen auf die ihnen zugesprochene Bewegungsfreiheit. Zwei Fragen sind hier aufzuwerfen, deren — man kann sagen, traditionell gewordene — Vermengung viel Unklarheit zur Folge gehabt hat.

Erstens: wie entsteht die Staatsgewalt d. h. wie ist der Mensch dazu gekommen, den Naturzustand aufzugeben und staatlichen Gewalten zu gehorchen?

Zweitens: unter welchen Bedingungen ist der von der Staatsgewalt ausgeübte Zwang gerechtfertigt, wann ist Macht Recht?

So scharf diese Fragen begrifflich zu scheiden sind, in der geschichtlichen Entwicklung werden sie zunächst unbefangen identifiziert, und erst die Rechtsphilosophie *Rousseaus* — genauer erst der Contrat social — bringt ihre durchgreifende Verschiedenheit zum Ausdruck. Bis dahin werden beide Fragen gemeinsam gelöst durch eine Konstruktion, die wir gleichfalls zu den allen Naturrechtslehrern eigentümlichen Gedankenreihen zu rechnen haben, nämlich:

3. Die Lehre von den Staatsverträgen. Gemeinhin pflegt man seit *Gierkes* „Althusius“ die Bildung des Staates nach den Naturrechtslehrern auf eine zwiefache freiwillige Übereinkunft zurückzuführen und, indem man lediglich bei *Hobbes* und *Rousseau* eine Ausnahme macht, zu unterscheiden: den Gesellschaftsvertrag, durch den sich eine Anzahl von einzelnen Menschen oder Familien zu einem politischen Verbande vereinigt, um ihren bisherigen Streitigkeiten ein Ende zu machen und zugleich durch einträchtiges Zusammenhalten einen nachhaltigeren Schutz gegen Feinde zu gewinnen, und den Herrschaftsvertrag, durch den sie zur besseren Förderung dieses Zweckes ihre sämtlichen Rechte oder wenigstens den gröfseren Teil derselben auf einen oder mehrere Regenten übertragen.

Diese Unterscheidung hat ihre Berechtigung für eine Darstellung, die, wie die von *Gierke*, das gesamte Mittelalter, ja man kann ohne Übertreibung sagen, alles, was überhaupt von Staatstheorieen in der Geschichte aufgestellt ist, berücksichtigt, empfiehlt sich aber nicht für eine spezielle Untersuchung des Entwicklungsganges der modernen Rechtsphilosophie. Denn einmal verfehlt sie den Sinn einzelner Systeme — das ist bei der Zusammenfassung eines mehrhundertjährigen Gedankeninhalts erklärlich genug. Zweitens aber hat die Einzwängung in eine feste Form den Nachteil zur Folge, dafs sie den reichhaltigen Gedankenstoff des Naturrechts zu Gunsten eines etwas nüchternen Schematismus verblafst. Dieser Gefahr soll im folgenden ausgewichen werden. Daher verlassen wir nach diesen Vorbemerkungen die Pfade der Allgemeinheit, um die Entwicklung des modernen Naturrechts lebendiger verfolgen zu können durch ein Zurückgehen auf seine einzelnen Vertreter.

II.

Das Naturrecht der Neuzeit wird durch *Bodins* „6 Bücher vom Staat“, [1]) — 1577 — eröffnet, insofern er einer neuen Begriffsbestimmung des Staates zum Durchbruch verhilft. Während ihn mit *Aristoteles* die Ansicht verbindet, dafs der Staat naturgemäfs aus der Familie herauswachse, und diese sein wahres Musterbild darstelle, trennt ihn von diesem die seitdem herrschend gebliebene Auffassung, die das Wesentliche des Staates nicht in der Zweckbestimmung des „εὖ ζῆν“, sondern in der rechtlichen Herrschaft einer souveränen Gewalt erblickt: „république est un droit gouvernement de plusieurs mesnages et de ce qui leur est commun avec puissance souveraine.“ [2]) Die Souveränetät bestimmt er als die absolute und dauernde Staatsgewalt, deren Grenzen lediglich die göttlichen und natürlichen Gesetze bilden. [3]) Im übrigen aber sei sie die schlechthin oberste Instanz in Sachen des Rechts, und hieran könne die Art der Regierungsform, die *Bodin* ausdrücklich von den Staatsformen scheidet, nichts ändern. Ob diese oberste Gewalt der Gesamtheit des Volkes, einzelnen oder einem Einzigen zustehe, sei gleichgültig für den Umfang ihrer Befugnisse. Die Quelle des Rechts liege stets in den Verordnungen eines einheitlichen Herrscherwillens: lediglich die durch diesen vertretene Gesamtmacht vermag einem Jeden das Seine zu schaffen [rendre à chacun ce qu'il luy appartient] [4]) und damit einen Ersatz zu bieten für die im Kampf der Einzelinteressen zu Grunde gegangene und ursprüngliche Freiheit der Menschen [5])

---

[1]) Ich benutze die Pariser Ausgabe von 1583. Vergl. die beiden, durch *Gierkes* „Althusius“ beeinflufsten Werke: Hancke, *Bodin.* Eine Studie über den Begriff der Souveränetät in *Gierkes* Untersuchungen zur deutschen Staats- und Rechtsgeschichte Heft 37 Berlin 1894 und M. Landmann, der Souveränetätsbegriff bei den französischen Theoretikern von *Jean Bodin* bis auf *J. J. Rousseau.* Leipzig, 1896.

[2]) I, 2, 1.

[3]) I, 8.

[4]) VI, 4.

[5]) „Nons appellons liberté naturelle de n 'estre subiect après Dieu à homme vivant et ne souffrir autre commandement que de soy mesme: c 'est-à-dire de la raison qui est toujours conforme à la volonté de Dieu.“

Drei Gedanken sind es, die das System des Bodin mit der nun folgenden Entwicklung verknüpfen:

1. Die enge Verbindung zwischen Staat und Privateigentum, („il n'y a point de chose publique, s'il n'y a quelque chose de propre.“ [1])

2. Der Gegensatz zwischen der ursprünglichen Unabhängigkeit der Menschen und der durch den Souverän bewirkten Bindung des Einzelwillens, und

3. Die Auffassung der souveränen Gewalt als Wesensmerkmal des Staates.

III.

Gerade an diesem letzten Punkte setzen die ungleich tiefer gehenden Ausführungen des *Althusius* an. Die Bedeutung seiner im Jahre 1603 erschienenen Politik [2]) besteht nicht blofs darin, dafs er die Lehre von der Volkssouveränetät in den Mittelpunkt seines Systems gestellt hat, sondern vor allem in der wirklich „methodischen“ Art, mit der er eine Theorie des gesellschaftlichen und staatlichen Lebens entwirft. Da er zudem ersichtlich die Gedanken *Rousseaus* beeinflufst hat, haben wir seinen Lehren genauere Aufmerksamkeit zuzuwenden.

Wie *Bodin* erblickt auch er das Wesen des Rechts in einem Herrschaftsverhältnis über den menschlichen Willen. Da dieses „nicht zum Prinzip des Menschengeschlechtes“ gehört, die Menschen vielmehr nach Naturrecht alle gleich und keiner Jurisdiktion unterworfen sind [3]) — bedarf seine Entstehung und Begründung einer Untersuchung. Diese wird die Triebkräfte aufzuzeigen haben, die die Menschen veranlassen konnten, die ursprüngliche Freiheit des staatlosen Individuums aufzugeben und sich politischen und rechtlichen Banden zu unterwerfen.

Ist der Mensch von Hause aus nicht zum sozialen Leben geeignet, — *Althusius* betont seinen Gegensatz zu *Aristoteles* durch die Anwendung des griechischen Wortes: *αὔταρκος* — so treibt ihn die Hilflosigkeit und Erkenntnis seiner Ohnmacht „in tanta tot rerum necessariarum et utilium inopia“ der Gesellschaft in die Arme. [4]) Um sich ein bequemes und glückliches Leben zu zimmern, ver-

---

[1]) I, 1.

[2]) Ioannis Althusii Politica methodice digesta atque exemplis sacris et profanis illustrata, Ich zitiere nach der dritten Auflage von 1617. Diese enthält nach den Angaben *Gierkes* S. 14 lediglich einen unveränderten Abdruck der zweiten Autlage von 1610, während die von *Gierke* benutzte „eigentliche“ dritte Ausgabe von 1614 mit der in ihr eingeführten, nach Paragraphen spezialisierten Zitiermethode mir leider unzugänglich blieb, —

[3]) C. 18. S. 197.

[4]) I, Anm. 4. c: S. 121.

einigen sich die Menschen durch — ausdrücklichen oder stillschweigenden — Vertrag derart, dafs die Gesamtheit der Verbundenen zum Wohle der Gemeinschaft mit rechtlicher Herrschaft ausgestattet wird, während die einzelnen als Glieder der Gemeinschaft zum Entgelt für den ihnen gewährten Schutz Gehorsam versprechen. „Quod universitati debetur, singulis non debetur"; — die einzelnen sind Unterthanen, die Gesamtheit herrscht.[1] Ein Grundvorgang also, der Gesellschaftsvertrag schafft Staat und Recht. Die Vereinigung der Kontrahenten ist nicht blofs die „causa efficiens" der staatlichen Gemeinschaft, sondern konstituiert auch die für diese Vereinigung notwendigen und nützlichen Rechtssatzungen und Verwaltungsvorschriften. Wenn aber der Sinn dieses Vertrages dahin geht, lediglich der Gesamtheit das „jus majestatis" zu übertragen, so folgert *Althusius* mit Recht gegen *Bodin*, dafs niemals aus der Volkssouveränetät eine Herrschersouveränetät werden könne. Während *Bodin* diesen Übergang nicht blofs für die Monarchie gefordert, sondern sogar trotz der Anerkennung mehrerer Regierungsformen mit starker Verallgemeinerung einzelner geschichtlicher Vorgänge geradezu als „Naturgesetz"[2] bezeichnet hatte, bemüht sich die „Politik" des *Althusius* aufs eindringlichste die Souveränetät des Volkes als die unveräufserliche und unzerstörbare Grundlage des Staates hinzustellen. Man wird dieser Beweisführung, die in ein seitdem typisch gewordenes Bild eingekleidet ist, logische Kraft nicht absprechen können. Die Souveränetät des Volkes wird mit der Seele im Körper des Individuums verglichen, weil sie das Lebensprinzip des durch den Gesellschaftsvertrag erzeugten politischen Körpers darstellt. Wie der Mensch nicht mehrere Seelen besitzt und auch nicht das eigene Leben einem anderen mitzuteilen imstande ist — so kann die oberste Staatsgewalt weder geteilt noch veräufsert werden, mufs vielmehr nach den Bestimmungen und Intentionen des Grundvertrages bei der Gemeinschaft verbleiben.[3]

Freilich ist diese keineswegs schrankenlos in ihren Befugnissen,

---

[1]) S. 6, C. 18, S. 194.

[2]) *Bodin* VI, 4 S. 968: „Alle Gesetze der Natur führen zur Monarchie hin."

[3]) Vergl. die Einleitung zur Politik, ferner S. 121, wo er die summa potestas charakterisiert als: „una semper, non plures potestates, sicuti una anima, non plures in corpore physico imperant" und 123: „hanc summam potestatem nequaquam possum tribuere regi aut optimatibus quam sententiam tamen *Bodinus* acerrime propugnare conatur, sed jure illa tantum corpori universitatis consociationis nimirum Reipublicae vel regno, tanquam propria est adscribenda."

bleibt vielmehr an die Gebote des göttlichen und natürlichen Gesetzes gebunden.[1])

Die durch sie geschaffenen Gesetze sind daher nur dann gültig, verdienen nur dann den Namen eines Gesetzes, wenn sie mit den unwandelbaren Vorschriften göttlicher oder natürlicher Gerechtigkeit im Einklang stehen.[2])

Von der gleichen Wichtigkeit, wie die Ausführung über die Quellen und Grenzen ist die Darstellung der Wirksamkeit der Staatsgewalt. Diese handelt ganz wie die juristischen Personen des römischen Rechts, teils durch die Gesamtheit der sie konstituierenden Personen, teils durch gesetzliche Vertreter. Hinsichtlich des ersten Punktes fordert *Althusius* für Angelegenheiten von allgemeinem Interesse einstimmigen Volkskonsens, im übrigen Stimmenmehrheit.[3]) Bedeutsamer als dies ist der zweite Punkt. Wenngleich nämlich die Staatsgewalt ihrem Begriff nach schlechthin einheitlich und unteilbar ist, so kann ihre Ausübung doch geteilt werden. Thatsächlich ist das Volk in seiner Gesamtheit unfähig, die Staatsmaschine in Bewegung zu setzen und die zu diesem Zwecke nötigen Regierungshandlungen vorzunehmen.

Daher mufs es die Ausführung der Gesetze einzelnen Personen übertragen und diesen einerseits die erforderliche Macht verleihen, andrerseits Gehorsam versprechen.[3])

Selbstverständlich können diese durch das Volk geschaffenen Könige oder republikanischen Magistrate nur das Volk repräsentieren: sie sind nicht Eigentümer, sondern Sachwalter (administratores) der Staatsgewalt, deren Machtbefugnisse, wie durch das Volk garantiert, durch die Rücksicht auf Heil und Nutzen der Unterthanen begrenzt werden. Überschreiten sie diese Grenzen, indem sie den göttlichen Verordnungen oder dem Wohl der Gesamtheit zuwiderhandeln, so endet ihr Recht auf Herrschaft; sie hören dann auf, Diener Gottes und der Gemeinschaft zu sein, und das Volk ist seiner Gehorsamspflicht gegen sie entbunden.[4])

---

[1]) *Althusius* wirft die zurückgewiesene Meinung dem *Bodin* vor, zu Unrecht, wie das obige Referat über dessen Lehre zeigt. Indessen bestimmt *Bodin* an anderer Stelle den Inhalt der Souveränetät mifsverständlich durch die Formel der Könige von Frankreich: car tel est notre plaisir —, meint hiermit aber nur, dafs der Monarch in seinen Gesetzen von der Einwilligung des Volkes unabhängig ist.

[2]) S. 122: „nulla est nec esse potest lex civilis quae non aliquid naturalis et divinae aequitatis immutabilis habeat admixtum. Nam si haec prorsus discedit a sententia juris naturalis et divini non lex dicenda est." 2. S. 38: in rebus vero et causis communibus ad omnes singulatim sive ad singulos collegas pertinentibus non vincit major pars, sed quod omnes tangit ab omnibus quoque approbari debet."

[3]) C. 18, S. 194.

[4]) S. 197, 203.

Durch diese Konstruktion, derzufolge die Regenten zu Mandataren der Gemeinschaft werden, bleibt die Einheitlichkeit des Staatsvertrages gewahrt. Wie die Gründung des Staates erfolgt ist, um dem Zustand anarchisch zur Geltung kommender Einzelinteressen ein Ende zu machen und den gemeinsamen Interessen zum Siege zu verhelfen, verbleiben die hieraus resultierenden Rechtsverhältnisse nach Ausdehnung und Schranken unter der Botmäfsigkeit jenes Zweckgedankens. Das natürliche Gesetz, d. h. die dem Wohle der Gemeinschaft entsprechende Regelung der Dinge bestimmt, wie für das Volk, so auch für die Herrscher Rechte und Pflichten. Darin liegt die Bedeutung der Volkssouveränetätslehre, dafs sie den Vertragsgedanken konsequent zu Ende denkt. Es hat in der That keinen Sinn, dafs die Menschen zu ihrem eigenen Besten einen Vertrag schliefsen, der den Staat und das Recht schafft, wenn sie schutzlos gegen die Gewaltthaten der Herrscher verbleiben. Wenn diese durch das Volk eingesetzt sind, um das gemeine Wohl nach dem Sinne des Gesellschaftsvertrages zu fördern, — so erlischt ihr auf diesem Grunde ruhendes Recht, sobald ihre Handlungen dem Volkswohl verderblich werden.

Sind die Volksgenossen in ihrer Gesamtheit früher und mächtiger, als die durch sie berufenen Leiter,[1]) und diese nur durch die Wichtigkeit des ihnen verliehenen Amtes und die hieraus entspringenden Machtbefugnisse den einzelnen Volksgenossen überlegen, so bleibt der ursprüngliche Mafsstab für das staatliche Leben bestehen. Die einzelnen gehorchen, insoweit sie nicht im Auftrag der Staatsgewalt — d. h. als ihre Organe handeln, die Gesamtheit ist es also, die auch nach Einsetzung der Oberen die in Wahrheit höchste Gewalt behält. Daher steht zwar nichts im Wege, den zwischen Volk und Herrscher abgeschlossenen Vertrag als Herrschaftsvertrag zu bezeichnen. Nur darf dies nicht zu der irrigen Meinung verführen, als wenn diese vertragsmäfsige Erhebung eines Herrschers nach der Auffassung des *Althusius* zur Begründung des Staates gehöre.[2]) Dies geschieht vielmehr einzig und allein durch den Gesellschaftsvertrag. Der Herrschaftsvertrag dagegen will lediglich die Ausführung der durch jenen geschaffenen Gesetze bewerkstelligen: er hat für den Staat keinerlei konstituierende, sondern nur Exekutivkraft. Wir werden sehen, dafs gerade dieses Moment das Bindeglied zwischen *Althusius* und *Rousseau* herstellt, während ihre Auffassung des Gesellschaftsvertrages wesentlich von einander differiert.

---

[1]) S. 194.
[2]) *Gierke,* Althusius S. 98.

IV.

Das System des *Hugo Grotius*[1]) ruht zwar auf den Schultern des *Bodin* und *Althusius*, bedeutet aber einen Markstein der Entwicklung, weil es die ersten und für die Folge einflufsreichsten Andeutungen über die Prinzipien des Naturrechts enthält. Daher wird, trotz jener weitgehenden historischen Abhängigkeit das traditionelle Geschichtsurteil, das in *Grotius* lange Zeit den Vater des neueren Naturrechts[2]) sah, dem Verdienst des *Grotius* gerecht und insofern zu unterschreiben sein. Denn bei ihm findet sich zuerst der Versuch, das Gebiet des Naturrechts von dem positiven Teil der Rechtswissenschaft abzugrenzen und gesondert auf seine Quellen und Methoden zu untersuchen.

Da er mit seiner Zeit von der Existenz allgemeingültiger und unveränderlicher Naturrechtssätze überzeugt ist und sich andrerseits der Thatsache einer nach Zeiten und Völkern differierenden Mannigfaltigkeit rechtlicher Bestimmungen nicht verschliefsen kann, erwächst für ihn die Verpflichtung, die bislang ungeprüft befolgten Erkenntnisbedingungen der naturrechtlichen Disziplin zu deutlichem Bewufstsein zu bringen. Um diese Aufgabe zu lösen, geht er mit einer für den Stand der damaligen Psychologie verdienstvollen Energie auf die in der „Menschennatur" liegenden allgemeinen Grundlagen des Rechts zurück. Er findet diese einmal in dem den Menschen, wie einzelnen höheren Tieren ursprünglichen Geselligkeitstrieb, (appetitus societatis) der Sorge für die Gemeinschaft, sowie zweitens dem Vermögen, nicht blofs das gegenwärtig Angenehme oder Unangenehme zu empfinden, sondern auch in die Zukunft zu blicken und hiernach allgemeine Regeln des Verhaltens zu bestimmen, der Vernunft.[3]) Die aus diesen beiden Grundeigenschaften des Menschen deduktiv ableitbaren Folgesätze ergeben den Bestand des Naturrechts. Naturrecht ist der Inbegriff der der vernünftigen und geselligen Natur der Menschen als solcher entstammenden Gebote.[4]) Ungerecht in diesem Sinne ist also alles, „was dem Begriff einer Gemeinschaft vernünftiger Wesen widerstreitet."[5]) Die auf diesem Wege deduzierten Sätze werden, da sie auf keinem anderen Grunde, als dem allen Gemeinsamen, den durch den

---

[1]) „De jure belli et pacis (1625). Ich zitiere nach der lateinischen Ausgabe: Lausanne 1751 sowie der deutschen Übertragung *von Kirchmanns*. (Die Zitate in Klammern.)

[2]) Ob man ihm oder dem *Bodin* diesen Ehrentitel gönnt, das ist von untergeordnetem Wert. Es gilt hier der Rechtsgrundsatz: pater semper incertus!

[3]) Prolegom. 6—10 (26—29).

[4]) Buch II C. 20 (Bd. II, 48).

[5]) I, 1. Abt. 3 S. 2.

Intellekt geleiteten sozialen Instinkten der Menschen ruhen, allgemein gültig und zu dem evident sein: sie müssen, um mit den Worten des *Grotius* zu reden, „immer dieselben bleiben" und aufserdem „bei einiger Aufmerksamkeit ebenso offenbar und überzeugend sein, wie die sinnlichen Gegenstände." [1]) Hervorgerufen wird dieser Glaube freilich nicht durch die wirkliche Anwendung der deduktiven Methode, sondern eine Illusion, der *Grotius*, wie die Meisten seiner Nachfolger, erlegen ist, und in welcher wir die Wurzel der naturrechtlichen Täuschung zu erblicken haben. Die Grundsätze, die *Grotius* dem Naturrecht zuspricht, ergeben sich nämlich keineswegs zweifelsfrei aus den psychologischen Eigentümlichkeiten der allgemeinen Menschennatur und sind auch gar nicht aus diesen entwickelt. Vielmehr ist der Thatbestand gerade umgekehrt: eine Reihe von Vorschriften erscheint keiner weiteren Begründung bedürftig und wird eben um dieser Evidenz willen zu Geboten von naturrechtlicher Gültigkeit erhoben. So neben der Wiedervergeltung und der Schadensersatzpflicht vor allem „die Verbindlichkeit, seine Verprechen zu erfüllen." [2]) Dafs diese Forderungen keineswegs selbstverständlich, vielmehr höchst problematisch sind, dafs sie insbesondere mit der geselligen und vernünftigen Natur der Menschen nicht in dem vorausgesetzten notwendigen Zusammenhang stehen, scheint der modernen Forschung ebenso einleuchtend, wie die Gefährlichkeit eines wissenschaftlichen Verfahrens, bei welchem apriorische Prämissen für deduktive Folgesätze angesehen werden.

Grotius kennt noch einen zweiten Weg, zu naturrechtlichen Normen zu gelangen. Von dem unveränderlichen Naturrecht ist scharf „der positive Teil der Rechtswissenschaft" [3]) zu scheiden, der die je nach den Eigentümlichkeiten einer konkreten Gemeinschaft zeitlich und räumlich wandelbaren Rechtssatzungen enthält. Wenn es der philosophischen Reflexion gelingt, von diesem zeitlichen und örtlichen Kolorit zu abstrahieren, wenn sie „nach Art der Mathematiker, welche ihre Figuren getrennt von den Körpern betrachten", von jedem einzelnen Fall die Aufmerksamkeit ablenkt [4]) und nur

---

[1]) Prolegom.

[2]) S. 25.

[3]) Prol. 30.

[4]) Proleg. 55 (S. 65). Dieser Ausspruch ist keineswegs als Proklamierung der „mathematischen Methode" für das Naturrecht aufzufassen, empfiehlt vielmehr lediglich das abstrahierende Raisonnement für die Behandlung des Rechts. — Überhaupt gehört der „mos geometricus" nicht zu den wesentlichen Eigentümlichkeiten der naturrechtlichen Methode. Zwar finden sich mathematische Deduktionen bei *Hobbes, Spinoza, Pufendorf, Chr. Wolff,* sind aber auch für diese Systeme von untergeordneter Bedeutung und im Grunde nichts als eine äusferliche Spielerei. Es will mir scheinen, als wenn wir es hier mit einer — übrigens gefahrlosen — Epidemie zu thun hätten, die von Zeit

die gemeinsamen Merkmale des jeweils gültigen oder in Kraft gewesenen Rechtsstoffes aufsucht, so wird die hieraus gewonnene wissenschaftliche Ausbeute ebenfalls in einem Grundstock einheitlicher Sätze bestehen: dem jus gentium. Freilich ist dieses weder schlechthin mit dem Völkerrecht[1]) noch dem Naturrecht zu identifizieren, nur ein Teil seiner Lehren besitzt naturrechtlichen Charakter. Man kann nämlich zwar nicht mit voller Gewifsheit, aber doch grofser Wahrscheinlichkeit das Naturrechtliche einer Bestimmung daraus herleiten, dafs es bei allen oder wenigstens den gesitteten Völkern dafür gehalten wird. „Denn eine allgemeine Wirkung setzt eine allgemeine Ursache voraus. Der Grund aber einer solchen Meinung kann kaum ein anderer sein, als der gesunde Menschenverstand.“[2])

Hier werden also die logischen Kombinationen aus der vernünftigen und geselligen Menschennatur ersetzt durch die Anerkennung einer allgemeinen Meinung. Diejenigen Rechtssätze, die allgemeine Geltung und naturrechtliches Ansehen geniefsen, verdienen den logisch erschlossenen Naturrechtsnormen beigesellt zu werden, weil ihre Übereinstimmung mit den konstitutiven Prinzipien menschlicher Gemeinschaft zwar nicht mit Notwendigkeit, aber doch höchster Wahrscheinlichkeit aus jenem Glauben zu entnehmen ist. — Damit ist der Umfang des naturrechtlichen Gebietes bezeichnet, zugleich aber eine Problemauffassung geschaffen, die für die folgende Entwickelung nach zwei Richtungen vorbildlich und gefährlich wird.

Die Annahme, dafs die aufs engste mit der menschlichen Natur verknüpften rechtlichen Beziehungen mit dem Charakter des Selbstverständlichen auftreten, mufste zunächst zu einer Vernachlässigung der abstrahierenden Methode des *Grotius* führen. Denn wenn die Naturrechtsqualität einer Vorschrift als in sich evidente Ordnung der Dinge einleuchtete, wenn zudem, wie man glaubte, die Möglichkeit bestand, unabhängig von dem geltenden empirischen Rechtsstoff die eigentlich grundlegenden Rechtsprinzipien aus den einheitlichen psychologischen Grundkräften der Menschen abzuleiten — so er-

---

zu Zeit in den Geisteswissenschaften Platz greift. Vergl. die moderne Entwicklung der Nationalökonomie in Amerika, namentlich *Jevons'* mathematische Methode. — Zu einer prinzipiellen Stellungnahme zu dieser Frage ist in dieser Arbeit kein Anlafs vorhanden.

[1]) Das „jus gentium“ bedeutet bei *Grotius* zweierlei: einmal den Inbegriff der „continuo usu populorum“ entstandenen Rechtssätze — insoweit fällt es mit dem Sammelbegriff römisch-rechtlichen Andenkens zusammen — und zweitens eine Reihe von Bestimmungen, deren Anführung *Grotius* zum Begründer des Völkerrechts gemacht hat.

[2]) I C. I Abt. 12 § I.

schien die mühselige Methode internationaler Rechtsvergleichung um so entbehrlicher, als ja auch die aus der letzteren gewonnenen Resultate lediglich auf einem subjektiven Meinen, dem Naturrechtsbewufstsein, fufsten. Diese Abwendung vom positiven Recht ergab sich zwar als durchaus gebotene Konsequenz aus den naturrechtlichen Voraussetzungen, mufste aber die weitere Folge nach sich ziehen, die Kluft zwischen natürlichem und positivem Recht mehr und mehr zu erweitern und zu der eingangs erwähnten veränderten Auffassung des Naturrechts überzuleiten (siehe oben S. 19.) Dafs *Grotius* auch dieser Entwicklung die Wege gewiesen hat, trotzdem er in den Naturrechtssätzen nichts als den jedem positiven Recht inhärierenden Bestand erblickt hatte, ergiebt die Erkenntnis, dafs die Methoden der Rechtsfindung für ihn fundamental verschieden sind, je nachdem es sich um das natürliche oder positive Recht handelt. Ist nur das erstere durch deduktive Ableitung aus der vernünftigen Menschennatur zu erkennen, ohne dafs für die Feststellung seines Inhalts die Rücksicht auf die bestehenden Gemeinschaftsverhältnisse und seine Geltung innerhalb dieser erforderlich erscheint, so lag der Gedanke nahe, dafs dieses einheitliche Rechtssystem gar nicht ein Teil der positiven Rechtsordnungen sei, vielmehr diejenigen rechtlichen Regelungen zum Ausdruck bringe, die vor Schaffung einer positiven Rechtsordnung d. h. des staatlichen Lebens Gültigkeit besessen haben. Da nun alles Recht gegenwärtig in staatlichen Gesellschaftsformen zur Erscheinung kommt, und das Inventar naturrechtlicher Sätze andrerseits als unfehlbare, weil unmittelbar aus der Menschenbrust entspringende Ordnung menschlichen Lebens angesehen wurde, so hörte das Naturrecht bald auf, Bestandstück positiven Rechts zu sein, wurde dafür aber mit der Mission betraut, als Richtschnur und idealer Mafsstab für alles Recht zu dienen.[1])

Für diese Metamorphose des Naturrechts ist *Grotius* um so mehr verantwortlich zu machen, als er das positive Recht nicht blofs sachlich scharf von der natürlichen Rechtssphäre trennt, sondern auch erstens besonderen Quellen entspringen läfst, zweitens die verbindliche Kraft seiner Rechtssätze von dem Naturrecht ableitet.

Die Geschichte der Entstehung des positiven Rechts ist bei *Grotius* weder selbständig noch durch logische Geschlossenheit ausgezeichnet. Während nach den Voraussetzungen seines Systems keine Gemeinschaft ohne Recht besteht, ist die Ausbildung des positiven oder bürgerlichen Rechts das Werk der staatlichen Gemeinschaft. Der Staat wird von ihm als die Verbindung einer

---

[1]) Warum *Klöppel* a. a. O. S. 61 diese Umwandlung als ein „Herabsinken" bezeichnet, verstehe ich nicht.

Anzahl von Familien aufgefafst, die sich des Rechtsschutzes und Nutzens wegen zusammengethan haben, um mit gemeinsamen Kräften jedem das Seine unverletzt zu erhalten.[1]) Trotz ihrer geselligen Natur kommen nämlich die Menschen zu der Überzeugung, dafs sie im vorstaatlichen Leben gegen Gewaltthaten und Übergriffe einzelner machtlos sind. Zunächst werden die am Ausgangspunkt der geschichtlichen Entwicklung von *Grotius* angenommenen kommunistischen Zustände zur Unmöglichkeit. Mit dem Wachstum der Menschen und der Steigerung ihrer Bedürfnisse reichten die Güter nicht mehr für die unbeschränkten Gelüste aller aus und gingen infolge dessen in das Eigentum einzelner über. Dies vollzog sich entweder auf dem Wege ausdrücklicher Teilung oder dadurch, dafs die Gemeinschaft übereinkam, jeder solle das zu eigen haben, was er in Besitz nehmen werde.[2]) Natürlich mufste die Einführung des Privateigentums, die der Begehrlichkeit blofs neue Objekte setzte, den Wunsch nach einer dem Egoismus der einzelnen überlegenen Macht aufs äufserste steigern. Daher schliefsen eine Anzahl Familien („Familienväter“) — „ausdrücklich oder stillschweigend, wie man nach der Natur der Sache annehmen mufs“ — einen Vertrag, durch den sie den Anordnungen der Mehrheit oder den besonders durch die Gemeinschaft autorisierten Personen zu gehorchen versprechen.[3])

Die Quelle des staatlichen Rechts liegt also für *Grotius* entweder, wie bei der Demokratie, in dem Willen der Volksmehrheit oder wie in Monarchieen oder aristokratischen Staatsformen in dem Willen der durch das Volk ermächtigten Staatslenker. Wie man sieht, stammen die Materialien zu diesem Bau von *Bodin* und *Althusius*. *Grotius* hat dagegen das Verdienst, über die Fundamente des Staatsvertrages und den Grund seiner verpflichtenden Kraft zuerst nachgedacht zu haben. Einmal indem er die Berechtigung des Mehrheitsprinzips selbständig nachzuweisen versuchte, allerdings mit einer Argumentation, die dies alte Dogma von traditioneller Kraft kritischem Empfinden nicht näher bringt. Die Erledigung der Geschäfte des neu gegründeten Staatswesens soll auf die einfachste und natürlichste Weise geschehen. Daher wird der Wille der Vertragsschliefsenden weder eine Herrschaft der Minderheit über die Gesamtheit fordern können noch in dem Sinne auszulegen sein, dafs nur einstimmige Beschlüsse Gültigkeit besitzen. Da jenes unnatürlich, dieses zu schwerfällig wäre, bleibt als richtiges Prinzip die Herrschaft der Mehrheit.[4]) Mit Recht wendet

---

[1]) I C. 1 Abt. 14 § 1 und C. 2 Abt. 1 § 5 (80—90).
[2]) II Cap. 2 Abt. 21—25, C. 2 § 2—10.
[3]) I C. 4, VII § 3 (196) II, 5 Abt. 23 (312) Proleg. 15.
[4]) II C. 5 § 17.

Bluntschli[1]) ein, dafs diese Deduktion wohl zur Not das Verhalten der bestehenden Körperschaft, aber nicht ihre Entstehung erklären könne.

Wertvoller ist das Bestreben des *Grotius*, über die Konstruktion des Staatsvertrages zur Klarheit zu gelangen. Er erkennt nämlich, dafs die Zurückführung des Staates und bürgerlichen Rechtes auf einen Vertrag nur aus dem Grunde eine Lösung des Problems enthalte, weil dieser Vertrag nach Naturrecht verpflichte. Niemals könnte die freiwillige Übereinkunft der Menschen eine Erklärung abgeben für die Bildung und verpflichtende Kraft des positiven Rechtes, wenn nicht das natürliche Recht gebieten würde, die Verträge zu halten. „Die Mutter des bürgerlichen Rechts ist die aus der Übereinkunft entspringende Verbindlichkeit, welche ihre Kraft aus dem natürlichen Recht ableitet, so dafs die Natur auch als Grofsmutter dieses Rechtes gelten kann."[2]) Mit der Anerkennung dieses Gedankens ist die einheitliche Wurzel jedes positiven Rechts und zugleich der Grund seiner Gültigkeit gefunden. Es erübrigt daher nur noch, seine Grenzen zu bestimmen. Um diese Frage zu beantworten, mufs man bedenken, dafs das bürgerliche Recht für die Auffassung des *Grotius* nicht dadurch bedingt ist, dafs es diesem oder jenem als das Beste erscheint, sondern lediglich von dem Willen dessen, von dem es ausgeht, abhängt.[3]) Dies sollte konsequent zu dem Schlusse führen, dafs die Staatsgewalt ebenso wie ihre berechtigende Kraft, so auch ihre Grenzen und ihren Umfang in dem Volkswillen habe, derart dafs es in den Willen des Volkes, die Quelle aller Staatsgewalt, gestellt sein müsse, die von ihm mit Macht Ausgestatteten abzusetzen. Die Lehre von der Volkssouveränetät erscheint aber *Grotius* nicht blofs gefährlich, sondern auch falsch.[4]) Die Frage nach den Grenzen der Staatsgewalt sei gar keine rechtliche, sondern lediglich thatsächlicher Natur. Es könne zwar vorkommen, dafs das Volk den Souverän nur wie einen Geschäftsverwalter oder Vormund mit beschränkten Befugnissen betraue: stehe doch dem Volk ursprünglich eine völlig freie Wahl hinsichtlich

---

[1]) *Bluntschli*, Geschichte der Neueren Staatswissenschaft, Allgemeines Staatsrecht und Politik. Dritte Auflage. 1881. S. 94,

[2]) Prolg. 16.

[3]) I Ct. 3,

[4]) „Hier ist zunächst die Meinung derer zu verwerfen, welche überall und ohne Ausnahme die höchste Gewalt dem Volke zusprechen, so dafs es ihm gestattet sei, die Könige, welche von ihrer Herrschaft einen schlechten Gebrauch machen, mit Gewalt zu hindern und zu strafen. Dieser Satz hat viel Unheil gestiftet und kann, wenn er in die Gemüter eindringt, es auch fernerhin, wie jeder kluge Mann einsieht". I C. 3 Abt. 8 § 1—4. Offenbar ist dies eine Polemik gegen *Althusius*.

seiner Verfassung zu. Wenn es aber die gesamte Staatsgewalt der Regierung übertrage, also einem oder mehreren Männern eine absolute Gewalt verleihe, so sei es hieran dauernd gebunden und müsse alle Härten und Ungerechtigkeiten der Herrscher ertragen, „wie Dürre oder Wasserfluten." Denn wie der einzelne sich sklavisch und bedingungslos einem anderen unterwerfen könne, — wie es ja nach dem Worte des *Aristoteles* auch Sklaven von Natur gebe — so sei auch ein Volk imstande, seine Freiheit schlechthin und unwiderruflich zu veräufsern. Wenn auch in den meisten Staaten der Nutzen der Unterthanen das Ziel der Regierung sei, so gebe es doch Herrschaftsverhältnisse, die lediglich für den „Herrschenden da seien, wie die des Herrn über den Sklaven." [1]) Wir kommen auf die Kritik dieser Anschauungen bei der Darstellung *Rousseaus* zurück.

V.

Der Abstand zwischen *Grotius* und dem unmittelbar auf ihn folgenden *Hobbes* ist ein gewaltiger. Sprache und Denkweise des letzteren machen einen darartig abgerundeten und energischen Eindruck, dafs der historisch ungeschulte Leser der Werke des *Hobbes* leicht zu dem Glauben kommen kann, als handle es sich hier um ein vollkommen eigenartiges und selbständiges System. In der That sticht die straffe Schärfe seiner Beweisführung so erheblich von der mühsam zusammengelesenen und kritiklosen Gelehrsamkeit seiner Vorgänger — und nicht zum geringsten der Schwerfälligkeit *Grotius* — ab, dafs das von *Hobbes* gelegentlich geäufserte Vorurteil, die Staatsphilosophie sei nicht älter, als sein Buch über den Bürger,[2]) begreiflich genug erscheint. Freilich nur begreiflich. Denn selbst die gröfste Hochachtung vor der kraftvollen Energie seines Denkens und der Eigenart seiner Darstellung darf über die Thatsache nicht hinwegtäuschen, dafs er in nicht unwesentlichen Punkten überlieferte Wege gegangen ist[3]) und insbesondere dem herkömmlichen Fehler ungenügender Scheidung zwischen der Beschreibung historischer Vorgänge und der Konstruktion philosophischer Postulate erlegen ist. Trotzdem bietet seine Staatsphilosophie genügend wirklich originelle Züge, die seinen tiefgreifenden Einflufs auf die weitere rechtsphilosophische Entwicklung erklären und zugleich eine Fülle reifer und fruchtbringender Reflexionen über das Recht enthalten.

---

[1]) I C. 3 § 14. —

[2]) Epistola dedicatoria ad Elem. philos. Bd. I der engl. Ausgabe der Werke von *Molesworth*. London 1859.

[3]) Vergl. die Charakteristik seiner Staatsphilosophie bei *Robertson, Hobbes*. Edinburg, London 1886 S. 142: „he is working with current notions of Scholastic origin and is only carefull to interpret them in accordance with his personal view of the motive forces of human nature."

„Naturzustand" und „Staatsvertrag" sind auch für *Hobbes* Ausgangs- und Endpunkt der Deduktion: beide Lehren erscheinen aber entsprechend der seinem System zu Grunde liegenden Anschauung vom Wesen des Menschen in neuer Beleuchtung. *Grotius* hatte den Naturzustand als eine durch den ursprünglichen Geselligkeitstrieb der Menschen und das Bestehen kommunistischer Verhältnisse für einfache Zustände genügend garantierte Form des gemeinschaftlichen Lebens aufgefafst. Für *Hobbes* erweitert sich die Kluft zwischen dem natürlichen und dem durch die Rechtsordnung erzogenen Menschen dadurch, dafs er in dem Leben des ersteren die Negation der sozialen Ordnung erblickte. Recht und Unrecht fehlen gänzlich im Naturzustand; sie sind „qualities that relate to men in society, not in solitude."[1]) Wenn er trotzdem ein „natürliches Recht" anerkennt und hierunter — wie *Grotius* — die aus der Vernunft ableitbaren Folgesätze begreift, so ist dies nur scheinbar eine Anknüpfung an die Tradition. Denn dieses natürliche Recht ist für ihn identisch mit der Macht des Individuums, genauer mit der Freiheit und Fähigkeit, im Kampf ums Dasein Leib und Leben zu schützen.[2]) Es handelt sich hierbei also nicht im Sinne der bisherigen Auffassung um eine Wertung, sondern um das blofse brutale Faktum, dafs in Ermanglung einer sozialen Ordnung ein jeder seine Person auf eigene Kraft durchzusetzen genötigt ist. Die durch den Selbsterhaltungstrieb des einzelnen gebotenen Handlungsweisen machen den Bestand seines natürlichen Rechtes aus: Der individuelle Nutzen, der die Menschen antreibt, die zu ihrem Schutz erforderlichen Mittel anzuwenden, bildet den Mafsstab des sogen. Rechts im Naturzustand.

Da es in diesem Naturzustand weder Eigentum noch Besitz noch sonst irgend ein anerkanntes Herrschaftsverhältnis über Personen oder Sachen giebt, so ist zunächt klar, dafs ein jeder einen Anspruch auf alles besitzt, was er erwerben und festhalten kann. Denn die Natur hat ihre Schätze für alle verteilt.[3]) Aus dieser Prämisse zieht *Hobbes* aber keineswegs die später von den Sozialisten gezogenen Folgerungen, zeigt vielmehr ihren illusorischen Charakter, indem er aus den Konsequenzen jenes Urstadiums des Menschengeschlechts die notwendige Entstehung staatlicher Ordnungen herzuleiten unternimmt.

[1]) Leviathan S. 115 in Band III der englischen Gesamtausgabe der Werke *(Molesworth)*.

[2]) „Recht ist das, was der richtigen Vernunft nicht widerstreitet": de cive Bd. II der latein. Ausgabe S. 163 ferner de corpore politico Bd. IV der engl. Ausgabe S. 83, wo *Hobbes* das n. R. dahin charakterisiert „that every man may preserve his own life and limbs with all the power he hats."

[3]) De cive 164.

Die Biegsamkeit der naturrechtlichen Voraussetzungen, sowie ihre Eignung, durchaus inhaltlich entgegengesetzten Konstruktionen als Ferment zu dienen, erhellen gerade aus der Theorie des *Hobbes*. Während die Naturrechtslehrer vor und nach seiner Zeit das Dogma von der ursprünglichen Freiheit und Gleichheit der Menschen für die Lehre der Volkssouveränetät, also im Sinne einer Einschränkung der Staatsgewalt verwerten, (wozu auch *Grotius* trotz seiner Inkonsequenz zu zählen ist) dient dieselbe Lehre dem *Hobbes* als wertvollstes Material für sein streng absolutistisches Staatsideal. Dies ist um so auffallender, als er keineswegs die Verschiedenheit der menschlichen Anlagen übersah, demnach wie man annehmen sollte, gar keinen Grund hatte, der alten traditionellen Lehrmeinung beizupflichten. Wenn er sie trotzdem mittels eines sehr gekünstelten und wenig stichhaltigen Beweises[1]) akzeptierte, so erklärt dies lediglich der Endzweck seiner Deduktionen, für den sie in der That eine vortreffliche Handhabe bot.

Das ungebundene Aufeinanderplatzen egoistischer Instinkte im Naturzustande führt nämlich gerade infolge der Gleichheit der Rivalen zu einem Zustand anarchischer und unerträglicher Unruhen. Die Naturnotwendigkeit zwingt die Menschen zur rücksichtslosen Durchsetzung ihrer Kräfte. Da aber jeder von Natur ein Recht auf alles hat, und die Fähigkeiten der Menschen im wesentlichen die gleichen sind, so erwächst aus diesem gleichzeitigen und zügellosen Ringen aller um die Güter der Erde niemandem ein Vorteil. Wenn Zwei das Gleiche wollen, ohne es zugleich erreichen zu können, so entsteht Mifstrauen, Feindschaft und Kampf. Die Menschen befinden sich in dieser Lage, ja der unter ihnen entbrennende Krieg kann wegen der Gleichheit der Streitenden niemals zu einem Ende kommen. So ist das natürliche Recht nichts als leere Täuschung. Die ursprüngliche Konstitution der Menschen erzeugt vielmehr einen Zustand beständiger Furcht vor einander und fortwährender Gefahr gewaltsamer Überfälle: das Leben dieses Naturmenschen ist „einsam, arm, schmutzig, tierisch und kurz.“[2])

Das ist die Schule, die die Menschen allmählich zum sozialen Leben reif macht. Denn hierzu ist der Mensch nach der Voraussetzung des *Hobbes* keineswegs von Hause aus tauglich, sondern wird es erst durch Zucht. Freilich fehlen seiner Natur nicht soziale Triebe, auch ist er so organisiert, dafs er der Geselligkeit nicht

---

[1]) „Die Menschen sind von Natur gleich. Zwar ist der eine stärker wie der andere oder schneller in seinem Geist. Aber wenn man alles zusammenrechnet, ist der Unterschied nicht der Rede wert: kann doch der Schwächste den Stärksten töten, entweder durch List oder wenn er sich mit anderen verbündet.“ *Leviath.* S. 110.

[2]) *Lev.* 113, de civ. 163 ff.

entraten kann. Aber der in seiner Veranlagung weitaus überwiegende rücksichtslose Egoismus durchbricht immer wieder die Bedingungen, unter denen allein gesellschaftliche Verbände existieren können.[1])

Erst die Folgeerscheinungen dieser natürlichen Eigenschaften bewirken den Übergang in gesellschaftliche und staatliche Ordnungen. Der bereits charakterisierte ursprüngliche Zustand absoluter Freiheit und Gleichheit endet zunächst mit der Erkenntnis der Menschen dafs die zügellose und allgemeine Entfesselung ihrer selbstsüchtigen Affekte, anstatt ihrer Selbsterhaltung zu dienen, sie lediglich in einen fortdauernden Krieg aller mit allen verstrickt. Die Menschen haben keine Lust mehr an ihrer disziplinlosen Freiheit, die sie ruhelos und furchtsam macht, sie sehnen sich nach Frieden und Ordnung. Damit beginnt das zweite Stadium in der Geschichte des Menschengeschlechts. Das natürliche Recht weicht der nunmehr beginnenden Herrschaft des „natürlichen Gesetzes."

Hierunter versteht *Hobbes* die allgemeinsten Grundlagen sozialer Ordnung d. h. den Inbegriff derjenigen Vorschriften, die um des Wohles der Menschen willen dem impulsiven Egoismus des einzelnen Schranken auferlegen. Sie bleiben zunächst freilich, da kurzsichtige Selbstsucht sie nur selten zur Sprache kommen läfst und ihnen daher zumeist die motivierende Kraft fehlt, lediglich „Dispositionen zu Friede und Gehorsam."[2]) Da sie aber keine Macht darstellen, die von aufsen an den Menschen herantritt, sondern seiner inneren Natur entstammen, so erstarken sie in dem Entwicklungsprozefs der Menschen mit derselben Notwendigkeit, mit der der Knabe zum Mann heranreift.

Das natürliche Gesetz ist ein Vernunftgebot. Es lehrt die Menschen zu ihrem eigenen Vorteil mit der rücksichtslosen Durchsetzung ihrer Kräfte innezuhalten und — insoweit dies zur Erhaltung und Förderung ihres Lebens erforderlich ist — den ursprünglichen Egoismus aufzugeben. Sittlich d. h. eben im Sinne des natürlichen Gesetzes handelt, wer in seinen Handlungen von der Maxime geleitet wird: „thue keinem das, was du selbst nicht erleiden möchtest" — einer Maxime, die nach der Meinung des *Hobbes* von jedem vernünftigen Menschen anerkannt werde.[3])

---

[1]) „Ad societatem homo aptus non natura sed disciplina factus est. Porro tametsi ea conditione natus esset homo ut societatem appeteret, non sequitur eundem ita natura esse, ut societati ineundae sit idoneus. Alia res est appetere, alia capacem esse. Appetunt enim illi qui tamen conditiones aequas sine quibus societas esse non potest accipere per superbiam non dignantur": De civ. 158. Daraus folgt, dafs die vielfach vertretene (z. B. von *Ahrens*, Naturrecht 6. Aufl. Bd. I S. 98, *Warnkönig*, Rechtsphilosophie S. 47, 48) Ansicht, *Hobbes* lehre die absolut selbstsüchtige Natur des ursprünglichen Menschen, falsch ist. —

[2]) *Lev.* 253.

[3]) de civ. 169, 194. *Lev.* 258.

Allein die Leidenschaften der Menschen sind im Durchschnitt stärker, als ihre Vernunft. Daher siegt im Kampf zwischen Freiheit und Pflicht, dem natürlichen Recht und natürlichen Gesetz nur selten das letztere Prinzip. Aber selbst wenn auch bei einzelnen individual-eudämonistische Motive eine gelegentliche Einschränkung der ursprünglichen Handlungsfreiheit bewirken, und Vorteile aufgegeben werden, um andere dafür einzutauschen, — der alte Kriegszustand wird dadurch nicht aufgehoben. Denn niemand kann dem anderen vertrauen: stets finden sich in der Gesellschaft Mächtige, die sich nicht von dem guten Willen Andrer abhängig fühlen und daher keine Entsagung aufzulegen brauchen. Dauernder Friede und Ordnung sind erst mit der Errichtung einer Gesamtmacht möglich, die stärker ist, als die Nützlichkeitserwägungen und Leidenschaften der einzelnen, indem sie dem individuellen Egoismus einerseits feste Schranken zieht, andrerseits die Erfüllung des von ihr geforderten Zustandes im gewährenden, wie einschränkenden Sinne verbürgt." „Der einzige Weg, solch eine gemeine Macht zu errichten", die imstande ist Schutz gegen äufsere Angriffe und Beleidigungen innerhalb der Gemeinschaft zu gewähren, ist der, dafs die einzelnen einem Manne oder einer Versammlung alle Stärke und Macht übertragen, die sie selbst besitzen, indem sie sich als Urheber aller derjenigen Handlungen anerkennen, die von der beauftragten Persönlichkeit ausgehen und die allgemeine Sicherheit und den allgemeinen Frieden betreffen. Diese Unterordnung der einzelnen unter einen einheitlichen Willen geschieht durch einen Vertrag, den jeder mit jedem, etwa unter der Formel, abschliefst: „ich gebe das Recht, mich selbst zu beherrschen, zu Gunsten dieses Mannes oder dieser Versammlung auf, unter der Bedingung, dafs du das Gleiche thust." Der Staat läfst sich hiernach als eine Person bestimmen, deren Handlungen durch die gegenseitigen Verträge aller mit allen zu Handlungen der Volksgenossen autorisiert sind, „to the end, he may use the strength and means of them all as he shall think expedient for theyr peace and common defence."[1])

Der Träger der solchergestalt geschaffenen Macht heifst Souverän im Gegensatz zu den übrigen Personen innerhalb dieser Gemeinschaft, den Unterthanen. Die zwischen beiden geschaffenen Beziehungen machen den Begriff der Rechtsordnung aus.

Diese zerfällt für *Hobbes* in die beiden Teile: Gesetze und Rechte. Indem er die bisher übliche Vermengung beider Begriffe

---

[1]) *Lev.* 157, 158.

tadelt, begreift er unter einem Gesetze alle Verordnungen der Staatsgewalt, die die natürliche Handlungsfreiheit des einzelnen beschränken d. h. die Rechtspflichten auferlegenden Normen, (das sogen. objektive Recht) dagegen seien Rechte die Freiheiten, die uns das Gesetz lasse: sie fallen also mit dem Begriff der subjektiven Rechte zusammen.[1])

Aus der Vorgeschichte des Rechts und der Konstruktion seines Organs, des Staates, sollen nun ebenso, wie bei seinen Vorgängern auch bei *Hobbes* Funktionen und Grenzen der Rechtsordnung deduktiv abzuleiten sein. Ihre Funktionen sind zunächst aus dem Begriff des Gesetzes zu entwickeln.

Gesetze sind Staatsbefehle, die sich an diejenigen richten, die sich vorher zu Gehorsam verpflichtet haben.[2]) Da diese Verpflichtung nach dem Sinne des Staatsvertrages die völlige Entäufserung aller natürlichen Rechte des Individuums bedeutet und die Anerkennung aller Handlungen der Staatsgewalt durch die Unterthanen[3]) in sich begreift, so kennt *Hobbes* in Sachen des bürgerlichen Rechts keine höhere Instanz, als den Willen des Souveräns. Jeder einzelne ist infolge der Bevollmächtigung Urheber der Handlungen des Souveräns: daher kann dieser nicht unrecht handeln. Das Recht der Souveränetät besteht schlechterdings in einem Recht auf alles. Diejenigen haben nach *Hobbes* Meinung die Natur des Staates nicht tief genug ergründet, die den Gesetzen die oberste Herrschaft überlassen, also nicht den summus imperans über die Gesetze stellen. Denn sobald der Souverän den Gesetzen unterworfen ist, entsteht die Frage, wer denn in einem solchen Streit die Entscheidung fällen soll und bestimmen, ob der Souverän den Gesetzen zuwidergehandelt hat oder nicht. Man ist genötigt — wennanders man nicht mit Worten spielen will — eine reale Macht, einen Richter über den Souverän zu setzen d. h. einen zweiten Souverän zu schaffen. Bei diesem erheben sich naturgemäfs unter der Voraussetzung, dafs der Souverän durch die Gesetze gebunden ist, die gleichen Fragen. Ein dritter Souverän erweist sich als notwendig, um den zweiten gegebenenfalls zu strafen. Und so geht es fort, ohne dafs man zu einem logischen Endpunkt kommt. Diesem regressus in infinitum entgeht *Hobbes*, indem er den Souverän zum Herrscher über das

---

[1]) *Lev.* 276. Diese von *Hobbes* hervorgehobene Scheidung zwischen lex und jus wird von *Gierke* übersehen. Die „lex naturalis" führt bei *Hobbes* nicht zu dem „jus omnium ad omnia", wie *Gierke* S. 107 Anm. 81 ausführt, ist vielmehr dessen strikte Negierung.

[2]) *Lev.* 252 ff., de cive 228.

[3]) Daher nennt *Hobbes* die Gesetze gelegentlich geradezu „Volksmandate" (de civ. 171).

Gesetz macht. Da er allein im Staate die Macht hat, Gesetze zu geben, so giebt es für ihn keine andere Beschränkung als die selbstauferlegte: wer binden kann, kann auch befreien.[1])

Daher verwirft er in Ausführung dieses Gedankens die Teilbarkeit der höchsten Staatsgewalt als eine für die Staaten höchst verderbliche Doktrin: ‚for powers divided mutually destroy each other!' Freilich steht damit für ihn sowenig wie für *Bodin* in Widerspruch die Möglichkeit verschiedener Regierungsformen. Denn nicht das ist die Frage: in welchen Händen die Staatsgewalt ruhe, sondern lediglich ob die einem Manne, einer Versammlung oder auch der Gesamtheit des Volkes zustehende Gewalt Grenzen habe. *Hobbes* verneint diese Frage, wie wir sahen. Die Staatsgewalt trägt absoluten Charakter. Es giebt keine Lebensäufserung der staatlich organisierten Gesellschaft, in die sie nicht einzugreifen berechtigt sei.

Dementsprechend erklärt er die Annahme, dafs das Eigentumsrecht der Privaten unantastbar sein müsse, für verkehrt, da ja das Eigentum erst durch den Staat, d. h. die Erlaubnis des Souveräns erzeugt werde. Von ihm also hänge es ab, ob und wieviel die einzelnen zu Eigen haben dürfen.[2]) *Hobbes* geht aber noch erheblich weiter. Sein reaktionäres Pathos schrickt sogar vor der Forderung nicht zurück, die Meinungen der Bürger der Staatsgewalt zu unterwerfen. Das bürgerliche Gesetz sei das öffentliche Gewissen, ihm hätten die Unterthanen allein zu folgen, nicht ihren Privatmeinungen und ihrem Privatgewissen.[3])

Hobbes kennt also keine unveräufserlichen Menschenrechte, die der Gesetzgeber zu respektieren rechtlich verpflichtet sei. Vielmehr wird mit der Errichtung einer Staatsgewalt die Rechtsstellung des Individuums durchaus eine andere. Was Recht und Unrecht ist, bestimmt, nicht mehr, wie im Naturzustand, der durch Leidenschaft getrübte oder im Dienste der Vernunft stehende Nutzen des einzelnen. Der Wille des Souveräns ist die einzige Macht im Staate, welche die für das Verhalten der Unterthanen mafsgebenden Normen aufstellt. Für die individuellen Rechte bleibt nur der durch die Staatsgesetze freigelassene Raum übrig. Diese Einschränkung ist nicht als Verlust anzusehen, vielmehr die alleinige Voraussetzung eines menschenwürdigen Daseins für alle. Das zeigt der Vergleich mit dem Naturzustand. Hier herrscht vollste Freiheit, niemandem aber gereicht sie zum Segen. Denn wenn auch jeder wegen seiner Freiheit nach eignem Gutdünken handelt, so erleidet er andererseits

[1]) *Lev.* 252 ff. 313, de civ. 288.
[2]) *Lev.* 227.
[3]) *Lev.* 164 ff., 310 ff. Dafs dieser Satz auch für religiöse Fragen gelten soll, kann hier nur angedeutet werden.

wegen der Freiheit der anderen alles nach fremdem Gutdünken. Im Staate dagegen behält jeder soviel Freiheit als zum guten und ruhigen Leben erforderlich ist, er nimmt den anderen soviel, daſs sie nicht mehr zu fürchten sind.[1])

Da nun nach den Voraussetzungen des *Hobbes* die Erhaltung des Friedens lediglich durch die Existenz einer Macht im Staate garantiert wird, und zwar einer solchen, vor der alle hemmenden und einander bekämpfenden Regungen zu verstummen haben, so scheint damit die Berechtigung seines absolutistischen Staatsideals erwiesen.

Daſs seine Durchführung Miſsstände und Gefahren zur Folge haben kann, verhehlt sich *Hobbes* auch keineswegs. Nur erscheinen ihm diese minder einschneidend, als die Abwesenheit einer einheitlichen Gewalt.[2]) Dazu kommt aber ein Weiteres.

Wenn auch jeder Zwangsbefehl des Souveräns gültiges Recht schafft, so geht die Meinung des *Hobbes* keineswegs dahin, durch diesen „Appell an das positive Recht“[3]) die Bedeutung des Naturrechts aufzuheben. Vielmehr erstreckt sich die Wirksamkeit der „lex naturalis“ nach zwei Seiten. Einmal dient sie als Maſsstab zur Beurteilung des sachlichen Wertes rechtlicher Vorschriften. Recht im formalen Sinn und daher rechtlich die Unterthanen verpflichtend sind alle Befehle der Staatsgewalt. Die Annahme, daſs die so entstandenen Normen dem Recht widerstreiten, „ungerecht“ sein könnten, ist irrig und widerspruchsvoll. Da aber diese Rechtssatzungen keineswegs um ihrer selbst willen sondern durch die Zwecke, denen sie zu dienen bestimmt sind, Existenzberechtigung erlangen, so wird mit Fug das Urteil über ihren Wert von der Frage abhängig zu machen sein, ob sie als geeignete Instrumente zur Erreichung der vorgesetzten Ziele erscheinen oder nicht. Für diese kritische Untersuchung muſs man sich noch einmal das dargestellte Schema der Entwicklung zum Recht vergegenwärtigen: die allseitige und hoffnungslose Not der Menschen als Folge ihrer undiszipliniert aufeinanderplatzenden Triebe, das Erwachen der zum Frieden und Gehorsam drängenden Vernunftregungen und schlieſslich die freiwillige Unterwerfung unter rechtliche Gewalt aus wohlverstandenem Egoismus. In diesem letzteren, den *Hobbes* mit der Vernunft oder den Antrieben des natürlichen Gesetzes identifiziert, haben wir den Maſsstab für die Billigkeit rechtlicher Satzungen zu finden. Die Rechtsordnung ist dazu bestimmt, den Zwecken der

---

[1]) *Lev.* 264, 265.

[2]) „And though of so unlimited a power men may fancy many evil consequences, yet the consequences of the want of it, which in perpetual war of every man against his neighbour are much worse“. *Lev.* 195.

[3]) *Jodl,* Geschichte der neueren Ethik Bd. I, 117.

einzelnen zu dienen, in dem sie ihnen ein gesichertes und ruhiges Leben garantiert. Da nun die Möglichkeit eines Zwiespaltes zwischen diesen individualegoistischen Interessen und dem, was der Gemeinschaft frommt, *Hobbes* ebensowenig wie irgend einem Naturrechtslehrer vor Rousseau bewufst wird, so bezeichnet er geradezu als ein gutes Gesetz dasjenige, was das Wohl des Volkes — d. h. aller Einzelnen — fördert [1]).

Daraus folgt als zweite Funktion des natürlichen Gesetzes eine ethisch bindende Anforderung an den Gesetzgeber. Dieser kann zwar den Gesetzen im eigentlichen Sinne d. h. dem Willen der Menschen nicht unterworfen sein; (weil „der höchste" und „anderen unterworfen sein" kontradiktorische Gegensätze sind). Wohl aber gehört es zu seinen Pflichten, (im ethischen, nicht rechtlichen Sinn) die von ihm ausgehenden Rechtsgebote mit der Vernunft in Einklang zu halten. „Weil Reiche um des Friedens willen eingerichtet sind, und der Friede wegen des Wohlergehens aller erwünscht wird, so würde der Herrscher, der von seiner Macht anders, als zum Heil des Volkes Gebrauch macht, gegen die pacis rationes d. i. gegen das natürliche Gesetz handeln." [2])

Hiernach bestimmt sich das Verhältnis zwischen Rechtsordnung und Sittengesetz derart, dafs der Unterthan stets zum Gehorsam gegenüber den Rechtsgeboten verpflichtet ist und sich hierbei — mag auch ihr Inhalt noch so sehr den herrschenden ethischen Werturteilen widerstreiten — niemals im Widerspruch mit dem natürlichen Gesetz befinden kann, [3]) dafs aber auf seiten des Souveräns in der That ein Konflikt zwischen seinem Verhalten und den Vorschriften der Vernunft vorliegen kann. Freilich giebt es letzterenfalls keine Instanz, vor der dieser Streit zum Austrag zu bringen ist. Das natürliche Gesetz bildet keine Rechtsschranke mehr gegen das positive Recht, es ist ein idealer Mafsstab geworden, nach dem der sachliche Wert geltenden Rechts zu bestimmen ist. Damit ist die in der Darstellung der Theorie des *Grotius* [4]) angedeutete Entwicklung zum Ausdruck gebracht [5]) und

---

[1]) *Lev.* 335.

[2]) de cive 298.

[3]) In diesem Sinne führt *Hobbes* aus, dafs die bürgerlichen mit den natürlichen Gesetzen übereinstimmen müssen; denn diese gebieten ja, alle bürgerlichen Gesetze zu befolgen. Erlaubt das Gesetz den Diebstahl, Ehebruch etc., so ist es kein Diebstahl, Ehebruch mehr, trotzdem das natürliche Gesetz Diebstahl und Ehebruch verbietet. De cive 319.

[4]) oben S. 29.

[5]) Wie wenig diese Entwicklung berücksichtigt wird, lehren die Worte eines Schriftstellers, der sich ex professo mit dem Naturrecht befafst und hierbei als Merkmal der „richtigen Naturrechtsdoktrin" das Streben bezeichnet, nicht blofs Erkenntnisse zu eruieren, die als Mafsstäbe zur Beurteilung des positiven Rechts oder Wegweiser für die Gesetzgebung dienen könnten,

zugleich eine reinliche Scheidung geschaffen zwischen dem geltenden Recht, das in den Verordnungen des Gesetzgebers enthalten ist, und dem natürlichen Gesetz d. i. dem Inbegriff derjenigen Sätze, die um ihres Wertes für die Gemeinschaft, wie den einzelnen, Recht zu werden verdienten. Jede Rechtsvorschrift, die hiermit in Einklang steht, ist als vernünftig und gut zu bezeichnen. Ihre verbindliche Kraft als Rechtsgebot besteht aber unabhängig von dieser Kritik lediglich infolge der Gültigkeit des Staatsvertrages.

Leider versagt gerade an diesem springenden Punkt die vielgerühmte Konsequenz des *Hobbes*ischen Systems. Wenn der Staatsvertrag sich als Vertrag aller mit allen darstellt, durch welchen ein jeder die Handlungen der Staatsgewalt als die seinigen anerkennt, so erscheint es zunächst nicht angängig, dieser durch die Vertragsformel geforderten Einstimmigkeit der Kontrahierenden eine Stimmenmehrheit zu substituieren und auf diese — herkömmlicherweise — die Begründung des Staates zurückzuführen.[1]) Dieser Widerspruch wird durch seine Erklärung, dafs andernfalls bei der Verschiedenheit der menschlichen Anlagen und Strebungen eine Willenseinigung überhaupt ein Ding der Unmöglichkeit wäre, natürlich nicht aus der Welt geschafft. Denn aus dieser Erkenntnis wäre nur die Unmöglichkeit, Staat und Recht unter dem angenommenen Gesichtspunkt allseitiger Willenseinigung aufzufassen, nicht aber die Berechtigung herzuleiten, die Stimmen der widersprechenden Minderheit als einwilligend zu fingieren. Eine derartige Fiktion bleibt eine Absurdität, die ebenso widerspruchsvoll in sich, wie unvereinbar mit der Auffassung des Staatsvertrages ist.

Dazu gesellt sich eine weitere Schwierigkeit. Das Recht auf alles, das der souveränen Gewalt zufolge des Staatsvertrages zusteht, verdankt seine Existenz nicht blofs der Bevollmächtigung durch einen jeden aus der Menge, sondern vor allem auch dem Faktum, dafs der Souverän vor Abschlufs des Vertrages nicht existiert, mit seiner Geburt aber zugleich die charakterisierte Machtfülle ipso jure erwirbt, derart also, dafs er bei diesem rechtschaffenden Akt keinerlei Verpflichtungen eingehen kann. Man mufs sich die Metamorphose, die hier stattfindet, indem durch die durchgängige und allseitige Hingabe der natürlichen Kräfte der Menge eine Person mit einem Willen und einheitlichen Handeln unmittelbar geschaffen wird, deutlich vergegenwärtigen, um zu erkennen, dafs der Schwerpunkt für die Be-

sondern offen oder versteckt ihren Postulaten selbst Rechtsnatur beizulegen. (*Bergbohm*, Jurisprudenz und Rechtsphilosophie. Erster Band: Einleitung — Das Naturrecht der Gegenwart. Leipzig, 1892, S. 147, ebenso 140.) Für diese Auffassung würde *Hobbes* nicht als Naturrechtslehrer in Betracht kommen. Das genügt zu ihrer Kritik.

[1]) de cive 218.

gründung der souveränen Omnipotenz gerade in dieser Entstehungsart liegt. Um so verwunderlicher ist die von *Hobbes* sowohl im Leviathan wie in der Schrift über den Bürger aufgestellte Behauptung, dafs wir zwei Entstehungsarten des Staates zu unterscheiden hätten. Neben dem „commonwealth by institution", das auf die dargestellte Art entsteht, gebe es noch ein „commonwealth by acquisition". Dieses Gemeinwesen werde nicht auf einen gegenseitigen Vertrag bislang freier Personen gegründet, sondern setze bereits die Existenz einer Herschergewalt voraus. Durch Gewalt, etwa einen siegreichen Krieg, ins Leben gerufen, verliere diese ihren Charakter despotischer Willkür und werde zur staatlichen Souveränetät, sobald die Zwangsbefehle des Usurpators autorisiert und der bis dahin erzwungene Gehorsam als Pflicht anerkannt wird. Tyrannenmacht und Staatsgewalt, Recht und Willkür sind also nicht nach sachlichen Merkmalen, sondern lediglich der Art ihrer Wirksamkeit auf die Untergebenen zu unterscheiden: in dem Augenblick, in welchem diese ihre Knechtung nicht mehr als solche empfinden, und sich dem ihnen auferlegten Joch fügen, wird aus Macht Recht. Durch diesen psychologischen Vorgang entsteht „auf natürlichem Wege", wie *Hobbes* sich ausdrückt, der Staat oder das Gemeinwesen „by acquisition."[1]) Es unterscheide sich aber von dem zuerst dargestellten nur dadurch, dafs der Vertragsstaat der Furcht der Menschen vor einander, der Naturstaat dagegen der Furcht der Menschen vor dem Beauftragten seine Entstehung verdankt. Trotzdem gelten für beide Arten die gleichen Bestimmungen: die Befugnisse der Staatsgewalt gelten unabhängig von ihrer Entstehung.[2])

Die nähere Überlegung zeigt die Unhaltbarkeit der hier vollzogenen Konstruktion. Wenn das Versprechen, gehorchen zu wollen, wo man bereits gezwungen Gehorsam geleistet hat, überhaupt einen Sinn haben soll, so ist dies nur unter der Voraussetzung eines Gegenversprechens möglich. Da aber auch bei dieser Staatsform der Souverän keinerlei Rechtspflichten übernimmt, vielmehr den Unterthanen gegenüber bei jeder Handlung im Recht ist, so bleibt Bedeutung, wie Möglichkeit eines Vertrages, durch welchen die faktisch Geknechteten ihre Ohnmacht lediglich sanktionieren und verewigen, ohne ihre Lage irgendwie zu verbessern, gänzlich im

---

[1]) „A commonwealth by acquisition is that where the sovereign power is acquired by force and it is acquired by force when men singly or many together by plurality of voices for fear of death or bonds do authorize all the actions of that man or assembly that hats theyr lives and liberty in his power'" *Lev.* 185. Ebenso de cive 215, wo *Hobbes* unterscheidet zwischen origo naturalis i. e. a potentia naturali und origo ex instituto i. e. a consilio et constitutione coeuntium.

[2]) *Lev.* 185.

Dunkeln. Soll innerhalb einer durch Gewalt zusammengeschmiedeten Gemeinschaft von Befehlenden und Gehorchenden eine Autorisierung der Herrschermacht in dem angegebenen Sinne erfolgen, so müssen beide Teile von der Nützlichkeit einer derartigen Veränderung überzeugt sein. Das will sagen, dafs nicht blofs die Unterthanen etwa infolge der Einwirkungen der Tradition oder aus Achtung vor den Segnungen geordneter Zustände erkennen müssen, dafs eine freiwillige Unterordnung unter die Gebote des Herrschers ihnen zum Heile ausschlage, sondern dieser selbst mufs zur Klarheit kommen, dafs seine Stellung gesicherter ist, sobald das Volk seine Verordnungen als verpflichtend respektiert und nicht lediglich brutaler Gewalt weicht. Dann aber liegt auf der Hand, dafs dieser Zustand nicht ohne beiderseitige Verpflichtungen zu verwirklichen ist, dafs also der Anerkennung einer Gehorsamspflicht auf seiten des Volkes die Bindung des Herrschers an die Gesetze als Gegenverpflichtung zu entsprechen hat. Dafs aber jemand — und gar ein ganzes Volk — sich freiwillig zum rechtlosen Nichts, ohne ein wirkliches oder auch nur ein zu erhoffendes Äquivalent, degradieren soll, ist eine offenbar sinnlose Zumutung. So scheint die Berechtigung des absoluten Staatsideals lediglich für den Vertragsstaat erwiesen, dagegen hinsichtlich des Naturstaates ohne zwingende Gründe angenommen zu sein.

Indessen bedarf dieses Urteil der Vervollständigung und Vertiefung. Wenn *Hobbes* für die ihrer Entstehung nach zu unterscheidenden Staatsformen die gleichen Grundsätze fordert, so liegt der Gedanke nahe, dafs diese einheitliche Behandlungsweise durch die Zwecke der Rechtsordnung geboten wird. Mag die Staatsgewalt durch Gewalt oder gütliche Einigung, den freien Willen aller oder die zwingende Kraft einzelner erworben sein, — die Frage nach dem Umfang ihrer Befugnisse verlangt eine einheitliche Beantwortung: sie kann nur aus den Konsequenzen, die der Endzweck der Rechtsordnung fordert, nicht den möglichen Arten ihrer Entstehung gelöst werden. Verfährt man in dieser streng systematischen Art und vergleicht unter diesem Gesichtswinkel die absolutistischen Konsequenzen mit den psychologischen Voraussetzungen des *Hobbes*, so ergiebt sich ein in der That abgerundetes und in sich geschlossenes System. Ich stelle es den bisher besprochenen Schwankungen und Irrtümern kurz gegenüber.

Staatliches Leben ist ausnahmslos der Erhaltung des Friedens zu dienen bestimmt. Diesem obersten Gesetz der Rechtsordnung leistet aber einzig und allein diejenige Regelung der Verhältnisse Genüge, bei welcher die einzelnen die Summe der ihnen von der Natur verliehenen Rechte restlos aufgehen lassen zu Gunsten der Staatsgewalt und ihren Geboten unbedingten Gehorsam versprechen.

Jedes Gemeinwesen, das nicht in diese einheitliche Spitze ausläuft, führt infolge der zwischen den einzelnen Machtfaktoren notwendig entbrennenden Reibungen auf der einen, dem ewigen und allseitigen Kampf selbstsüchtiger Affekte der Menschen auf der anderen Seite über kurz oder lang zu der Anarchie des Naturzustandes: es steht also im Widerspruch zu dem von der Rechtsordnung geforderten Ziel. Unter dieser Voraussetzung sind wir allerdings berechtigt, für Inhalt und Umfang der Staatsgewalt einheitliche Grundsätze ohne Rücksicht auf die Genesis der Staaten aufzustellen und diese Normierung nach dem Vorbilde eines Vertrages aller mit allen durchzuführen. Dann aber verlangt die Konsequenz die Betonung des Gedankens, dafs diese Vertragsidee weder die wirkliche noch die fingierte Entstehung der Staaten wiedergeben soll, sondern lediglich als Antwort auf die Frage nach ihrer zweckmäfsigen Ausgestaltung, als Kriterium der Beurteilung zu verwerten ist. Oder in Kantischer Sprechweise: die Vertragsidee mufs dann aufhören ein konstitutives Prinzip darzustellen und den Charakter eines regulativen Prinzips annehmen. Dafs dies das schliefsliche Schicksal der Vertragstheorie wurde, wird der Verlauf unserer Darstellung erweisen. Hier handelt es sich darum, die Darstellung der Lehren des *Hobbes* zum Abschlufs zu bringen durch den Nachweis, dafs ihm zwar dieser neue Gedanke zum Bewufstsein gekommen, aber nicht die definitive Abschüttlung der traditionellen Auffafsung gelungen ist. Als Beleg hierfür diene eine höchst charakteristische Stelle aus dem „Leviathan“, die in wörtlicher Übertragung also lautet: „Wie die Kunst, gut zu bauen, hervorgegangen ist aus Vernunftprinzipien, die durch gewerbfleifsige Menschen beobachtet sind, die die Natur der Materialien, die verschiedenen Wirkungen von Gestalt und Proportion studiert hatten, lange nachdem die Menschheit begonnen hatte, in armseliger Weise zu bauen, so können — lange nachdem die Menschen begonnen haben, Staaten zu errichten, die unvollkommen und geeignet waren, sich in Unordnung wieder aufzulösen, (relapse into disorder) — Vernunftprinzipien auf dem Wege fleifsigen Nachdenkens gefunden werden, deren Zweck darin besteht, ihre Verfassung, abgesehen von äufserer Gewalt, unzerstörbar zu machen. Und solcher Art sind die, welche ich in dieser Abhandlung auseinandergesetzt habe.“[1])

Der Sinn dieser Ausführungen ist nicht zweifelhaft. *Hobbes* will ihnen zufolge nicht eine Entstehungsgeschichte der Staaten schreiben, sondern die Mittel zu ihrer zweckmäfsigen Ausgestaltung und Erhaltung darthun. Diese — philosophische — Untersuchung sei aber von der historischen ebenso abtrennbar, wie die Frage

---

[1]) *Lev.* 324.

nach der Art, in welcher Häuser errichtet seien, zu unterscheiden sei, von der Aufstellung von Grundsätzen, nach denen man Häuser bauen solle. So wenig dieser Scheidung die Berechtigung abzusprechen ist, so zeigt andrerseits der Vergleich bereits die Halbheit, in der hier *Hobbes* befangen bleibt. Denn der „Kunst, gut zu bauen" entspricht eine Belehrung über zweckmäfsige Staatengründung. Wenngleich also anerkannt wird, dafs die Geschichte der Entstehung von Staaten ein selbständiger Gegenstand wissenschaftlicher Untersuchung neben der Festlegung staatlicher Aufgaben ist, so wird doch andrerseits ein Zusammenhang zwischen den Mafsstäben zur Beurteilung staatlichen Lebens und seiner Genealogie in dem Sinne vorausgesetzt, dafs die zweckmäfsige Organisation der Staaten nicht ohne bestimmte, wirkliche oder postulierte Entstehungsweisen möglich erscheint. Und in der That beherrscht diese Verquickung genetischer und systematischer Gesichtspunkte das System des *Hobbes*. Das zeigt einmal die Konstruktion des Naturstaates.[1]) Für diesen sollen zwar die gleichen Rechtsvorschriften zu gelten haben, wie für das vertragsmäfsig entstandene Gemeinwesen. Aber diese Übertragung bedeutet, wie wir sahen, keineswegs ihre Loslösung von dem Inbegriff möglicher Entstehungsweisen. Vielmehr stellt sich gerade die Vertragsidee bei *Hobbes* als ein Versuch dar, das Problem: wie sollen Staaten zweckmäfsig regiert werden? zu lösen durch eine Antwort auf die Frage: wie sollen Staaten zweckmäfsig entstehen? Man kann, wie *Hobbes* an andrer Stelle ausführt, über die Materie und Begründung des Staates nur zur Klarheit gelangen, wenn man auf die Anfänge der Gerechtigkeit zurückgeht: „nam ex quibus rebus quaeque res constituitur, ex iisdem etiam optime cognoscitur.[2])

VI.

Ich komme zu *Spinoza*. Seine Staatsphilosophie steht in der Art ihrer Begründung, wie dem Bestande ihrer Voraussetzungen durchaus im Bannkreise des *Hobbes*. Sie unterscheidet sich von ihm einmal durch die Verknüpfung dieser Lehren mit einer eigenartigen und selbständigen metaphysischen Grundanschauung, — was für diese Entwicklungsskizze deshalb ohne Belang ist, weil diese metaphysische Vertiefung weder von einem der unmittelbaren Nachfolger *Spinozas* noch von *Rousseau* beachtet ist[3]) — zweitens da-

[1]) Die Behauptung *Robertsons* a. a. O. 147, das „natürliche Gemeinwesen" repräsentiere für *Hobbes* offenbar den historischen Ursprung der Rechtsordnung, ist naheliegend, findet aber in dem Systeme des *H.* keinerlei Bestätigung.

[2]) de cive Vorrede S. 145.

[3]) Daher kann im Rahmen dieser Arbeit der sachliche Wert der Staatstheorie *Spinozas* nicht voll bestimmt werden.

durch, dafs die Wesensgleichheit von Macht und Recht bei ihr zu einem schärferen Ausdruck kommt, zugleich aber als Handhabe benutzt wird, um den von *Hobbes* gezogenen rigorosen Folgerungen zu entgehen.

Von den beiden in Betracht kommenden Werken des *Spinoza*, dem theologisch-politischen Traktat und dem unvollendeten tractatus politicus lege ich hauptsächlich die Ausführungen des ersteren zu Grunde: denn dies war die Gestalt, in der die Lehre *Spinozas* ihre — übrigens geringe — historische Wirksamkeit entfaltet hat und jedenfalls auch zur Kenntnis *Rousseaus* gelangt ist.[1])

Spinoza will in den letzten Kapiteln dieses Traktats[2]) untersuchen, wie weit sich in einem idealen Staatswesen die Freiheit im Reden und Denken zu erstrecken habe. Er erkennt, dafs ihn diese recht eigentliche politische Grenzbestimmung auf rechtsphilosophisches Gebiet führt, dafs sie nicht vorzunehmen sei ohne eine Betrachtung der Grundlagen des Staates. Hierbei gelangt er sofort in das herkömmliche Fahrwasser, indem er zunächst das natürliche Recht eines jeden, d. h. die Beziehungen untersucht, die sich unter Menschen ergeben, sobald man von allen staatlichen und gesellschaftlichen Regeln abstrahiert. Der Gesamtheit dieser durch menschliche Satzung entstandenen Normen steht der Inbegriff der lediglich von Natur wirksamen Kräfte gegenüber. Diese sind es, die den Begriff des Rechtes der Natur, und in besonderer Anwendung auf die Menschen das natürliche Recht eines jeden ausmachen. „Ich verstehe unter dem Recht der Natur — führt *Spinoza* in seinem politischen Traktat aus[3]) — die Naturgesetze oder Regeln, nach denen alles geschieht d. h. die Macht der Natur. Und zwar gilt dies für die Natur in ihrer Gesamtheit, so dafs sich dementsprechend auch das natürliche Recht eines jeden Individuums ebensoweit, wie seine Macht erstreckt. Was daher ein Mensch nach den Gesetzen seiner Natur thut, das thut er mit dem höchsten natürlichen Recht: das natürliche Recht reicht soweit als seine Macht."

Solange die Menschen unter der alleinigen Herrschaft dieses natürlichen Rechts leben, ist ihr Dasein, ganz wie bei *Hobbes*, ein Tummelplatz beständig einander entgegenwirkender Leidenschaften und Begierden: ein Zustand, bei dem ein jeder sich durchzusetzen strebt, soweit er vermag, und in Angst und Schrecken vor der Übermacht Dritter dahinzuleben genötigt ist. Da zudem die Menschen ohne wechselseitige Hilfeleistung ein elendes fast tierisches Leben

---

[1]) Dagegen ist nicht festzustellen, ob er auch den tr. pol. gelesen hat.

[2]) Kap. 16 und ff.

[3]) Cap. 2, § 4.

führen, so erscheint die Vereinigung der Menschen zu einer staatlichen Gemeinschaft notwendig zur Erreichung eines sicheren und angenehmen Lebens[1]). Dieser Übergang vollzieht sich durch den Gesellschaftsvertrag. Denn dieser bewirkt, dafs die Menschen nicht mehr von der Kraft und dem Begehren des einzelnen bestimmt werden, sondern von der Macht und dem Willen der Gesamtheit. Er schafft, indem er die natürlichen Rechte eines jeden zu allem einer gemeinsamen Gewalt überträgt, das Recht der Staaten.

Die Gültigkeit der durch diesen Vertrag geschaffenen Rechtsordnung wird von *Spinoza* streng utilistisch aufgefasst. Er statuiert nicht etwa eine Gehorsamspflicht der Unterthanen als Konsequenz der von ihnen abgegebenen Versprechungen, gründet diese Pflicht vielmehr lediglich auf die Vorteile, die dem einzelnen aus der Befolgung der Verträge erwachsen sollen. Auf diesem Wege deduziert er die Notwendigkeit des Rechtszwanges. Wären die Menschen allein durch die Vernunft geleitet, so würden sie den überaus grofsen Nutzen und die Notwendigkeit des Staates einsehen und daher die eingegangenen Verpflichtungen ohne weiteres und freiwillig mit der gröfsten Treue halten. Da die Menschen aber ihren Begierden mehr denn ihrer Vernunft gehorchen und sich von augenblicklichen Affekten leicht verleiten lassen, ohne Rücksicht auf das Wohl des Nächsten und die abgegebenen Versprechungen ihre Interessen zu verfolgen, so ist die Sicherheit des Staatsvertrages nur dadurch zu verbürgen, dafs man die einzelnen zum Gehorsam zwingt.

Dieser Staatszwang ist also notwendig und zugleich berechtigt. Denn zufolge des Staatsvertrages hat ja ein jeder sein natürliches und mit seiner Macht zusammenfallendes Recht auf die Gesellschaft übertragen. Diese erlangt hierdurch die Summe der vorhandenen Rechte, sie erwirbt das höchste Naturrecht oder die höchste Macht.

In dieser Begriffsbestimmung sind zugleich die Grenzen der Staatsgewalt zum Ausdruck gebracht. Während in der Theorie des *Hobbes* die Wirksamkeit der natürlichen Rechte des Individuums im Staate erlischt und mit ihrer Übertragung an die Staatsgewalt schlechterdings dem Willen der letzteren zu weichen hat, betont die Lehre des *Spinoza* die auch innerhalb der Staatsordnung fortlebende Geltung des Naturrechts. Das bedeutet einmal, dafs die auf menschliche Willensentschliefsung zurückzuführende Gründung eines Gemeinwesens niemals das von den Gesetzen der Natur abhängende Naturrecht aufzuheben imstande ist, dafs also die Schranken der Rechtsgewalt durch die hiernach mögliche Macht, nicht den Willen des Souveräns zu bestimmen sind. Aber für die Grenzen der Staatsgewalt existieren

[1]) Kap. 16 u. 5.

nicht blofs die Grenzen des naturgesetzlich-möglichen, sondern ihr Umfang wird zugleich festgelegt durch die Rechte, die ihr bei ihrer Bildung von den Menschen übertragen sind.[1]) Ihre Befugnisse können daher nicht gröfser sein, als die Summe der natürlichen Rechte der Unterthanen. Da nun jeder nur sein Recht, nach eigenem Beschlufs zu handeln, nicht aber sein Recht, zu denken und zu urteilen, in der staatlichen Gemeinschaft aufgegeben hat (eine übrigens nicht bewiesene Voraussetzung) so folgt daraus für *Spinoza*, dafs in einem freien Staate einem jeden erlaubt ist, zu denken, was er will und zu reden, wie er denkt.[2])

Schliefslich sei noch erwähnt, dafs *Spinoza* in seinem theologisch-politischen Traktat lediglich die Demokratie als Musterform des staatlichen Rechtsverhältnisses behandelt. Er definiert diese als eine allgemeine Verbindung von Menschen, welche als Gesamtheit das höchste Recht zu allem hat, was sie kann. Der Vorzug, den sie vor anderen Staatsformen hat, bestehe darin, dafs hier niemand sein Naturrecht derart übertrage, dafs er selbst in Zukunft nie mehr zu Rate gezogen werde, sondern auf die Mehrheit der Gesellschaft, von der er selbst einen Teil bilde.

VII.

Die Bedeutung *Pufendorfs* für die rechtsphilosophische Entwicklung beruht in erster Linie darauf, dafs er in seinem 1672 erschienenen Werke: de jure naturae et gentium libri octo[3]) die Gründung des Staates von der Gründung der Gesellschaft loslöste und diese auf den Gesellschafts-, jene auf den Herrschaftsvertrag zurückführte. Zwar treibt das „unendliche Elend des Naturzustandes" die Menschen bald zum Nachdenken über die mögliche Verbesserung ihrer Lebenslage. Da sie aber trotz ihres „adpetitus societatis" in ihren Anschauungen und Interessen vielfach auseinandergehen und infolge der ihnen eigentümlichen Trägheit (torpor) dem gemeinen besten nur gezwungen dienen, so ist eine dauernde Gemeinschaft zur Verfolgung gemeinsamer Ziele nur unter einer doppelten Voraussetzung möglich. Einmal mufs die Vielheit der sich kreuzenden Strebungen zu einem Willen geeinigt werden, soweit es sich um Lebensinteressen der Gesellschaft handelt.

[1]) Vergl. den sehr charakteristischen 50. Brief des *Spinoza:* „Quantum ad Politicam spectat, discrimen inter me et Hobbesium de quo interrogas in hoc consistit, quod ego naturale Jus semper sartum tectum conservo quodque Supremo Magistratui in qualibet urbe non plus in subditos juris quam juxta mensuram potestatis qua subditum superat competere statuo quod in statu naturali semper locum habet." Op. posth. S. 557.

[2]) Kap. 20.

[3]) Ich zitiere nach der Ausgabe von *Mascovius.* Frankfurt 1744.

Diese Einigung, die den Begriff des „pactum unionis“ darstellt, kann nur durch einstimmigen Beschlufs der Kontrahierenden erfolgen, derart dafs durch das Zusammenschliefsen der Willensäufserungen und Kräfte der einzelnen eine mit der Fähigkeit einheitlichen Handelns und bestimmten, den Rechten der einzelnen entgegenstehenden Rechten ausgestattete Person geschaffen wird. Um dieser Interessengemeinschaft Festigkeit und Bestand zu sichern, mufs die Gesamtheit des Volks aber zweitens ihre Macht und ihre Rechte einer Obrigkeit übertragen und mit dieser zu einem Vertrage zusammentreten, demzufolge das Volk sich zu Gehorsam, die Obrigkeit aber zur Sorge für die gemeine Sicherheit und Wohlfahrt verpflichtet. Mit diesem Vertrage, dem pactum subjectionis, ist der Staat ins Leben gerufen.[1])

Der nähere Ausbau der Rechte der Staatsgewalt auf der einen, der Pflichten der Unterthanen auf der anderen Seite bietet keine für diese Darstellung in Betracht kommenden Gesichtspunkte. Wohl aber verdienen die von *Pufendorf* gegen die Vertragstheorie geäufserten skeptischen Bedenken Erwähnung. Es sind 3 Fragen, die Zweifel erregen können:

1. Ist der Staatsvertrag als Faktum aufzufassen? *Pufendorf* bejaht die Frage. Zwar sei die Entstehung der meisten Staaten in Dunkel gehüllt, oder wenigstens keine sichere historische Überlieferung der vorausgesetzten Entstehungsart vorhanden. Da aber ein anderer Ursprung, als die Willenseinigung und Gehorsamsverpflichtung undenkbar, so sei man genötigt, diese beiden Faktoren als wirkliche, nicht blofs fingierte Staatenerzeuger anzusehen, wenngleich möglicherweise diese Verträge nur stillschweigend abgeschlossen seien.[2]) Die Naivetät, mit der hier der fiktive Charakter des Staatsvertrages zwar geleugnet, dieser aber andrerseits zu einem stillschweigenden Vertrag verwässert wird, zeigt die Stärke der Tradition.

2. Worauf gründet sich der Anspruch des Staatsvertrages auf Geltung auch bei den Nachkommen der Vertragschliefsenden? Diesen in der That bedenklichen Punkt erörtert *Pufendorf* durch den Hinweis auf den Nutzen des staatlichen Lebens für einen jeden. Der Sinn des ursprünglichen Vertrages gehe dahin, dafs die Nach-

---

[1]) Vergl. zu dem Obigen Lib. VII, C. 1 und 2. Zwischen diese beiden Verträge schiebt *P.* noch ein decretum circa formam regiminis. Er versteht hierunter die Festsetzung der für zweckmäfsig befundenen Regierungsform — ein Geschäft, das je nach der Absicht, mit der die einzelnen sich gesellschaftlichen Banden unterworfen haben, ob pure oder sub conditione, durch Einstimmigkeit oder Mehrheitsbeschlüsse der Menge zur Entscheidung kommen soll.

[2]) Lib. VII, Cap. 2 § 8, S. 136.

kommen die Vorteile eines Gemeinwesens gleich mit der Geburt geniefsen sollen. Dies geschehe thatsächlich, sei aber ohne Staatsgewalt unmöglich. Daher werde ein jeder lediglich auf Grund der Thatsache, dafs er in einem staatlichen Verbande geboren ist, mit dem Erwachen eines reifen Bewufstseins ohne weiteres der Rechtsordnung zum Gehorsam verpflichtet. Denn dieser rechtfertige sich als Äquivalent für die Erhaltung und Pflege seines Lebens, die er jener allein zu verdanken habe.[1]) Gegen diese Deduktion ist Wesentliches nicht einzuwenden, nur begreift man schwer die Existenzberechtigung der Vertragsidee, sobald der Rechtszwang durch seine Notwendigkeit und Nützlichkeit zu rechtfertigen ist.

Da die Struktur der Rechtsphilosophie auch bei *Pufendorf* durch die Entwicklung des Menschen aus dem Naturzustande gekennzeichnet ist, so erwächst für ihn

3. die Frage, wie die Annahme eines Naturzustandes in Einklang zu bringen sei mit den überkommenen Vorstellungen theologischer Provenienz. *Pufendorf* bestreitet zunächst die Wirklichkeit eines Naturzustandes im Sinne vollkommener Isolierung des Menschengeschlechts, da ja die „Nachkommen des Adam" durchweg sogleich mit ihrer Geburt unter väterliche Gewalt und die Herrschaft der Familie gestellt werden. Der Naturzustand sei also in diesem Sinne eine Fiktion, aber eine Fiktion, die den Thatsachen annähernd gerecht werde. Denn je weiter wir von der Kultur ab und in der Geschichte zurückgehen, um so geringer werden die Beziehungen der Menschen unter einander: sie bestehen innerhalb eines kleinen Familienverbandes, während zwischen diesem und den aufserhalb der Familie Stehenden noch die natürliche Handlungsfreiheit d. h. der Naturzustand besteht. Es gebe also bei allen Völkern zu bestimmten Zeiten einen wenngleich gemilderten und gleichsam teilweisen Naturzustand, aus dessen Beschaffenheit man berechtigte Schlüsse ziehen könne auf die Zustände der von allen Regeln befreiten Menschheit. Damit bleibt der Wert dieser Abstraktion bestehen.[2])

VIII.

Das im Jahre 1683 erschienene Werk Algernon Sidneys „Discourses concerning government"[3]) ist nach einer kurzen Periode einflufsreichster Wirksamkeit unverdientem Vergessen anheim-

---

[1]) VII. Cap. 2 § 22.

[2]) Vergl. hierzu II, 2 § 4, 52.

[3]) Ich zitiere nach einer französischen Ubersetzung von *Samson* (Haye, 1702). Das Original habe ich leider nicht erlangen können.

gefallen. Die Neueren unter den Geschichtsschreibern der rechtsphilosophischen Entwicklung erwähnen ihn entweder gar nicht, wie *Bluntschli*, oder weisen ihm eine neben *Locke* untergeordnete Stellung an.[1]) Nichtachtung wie Geringschätzung erfolgen indes zu Unrecht. Zwar sind seine Ausführungen zum Teil bedeutungslos geworden, weil sie durchgängig in polemischer Weise an ein heute veraltetes Buch, den „Patriarcha" des *Robert Filmer* anknüpfen. Aber *Sidneys* Buch enthält mehr als diese Kritik. Indem er sich gegen die theologisch-verbrämte Verherrlichung des absoluten Königstums bei *Filmer* richtet, bietet sich ihm die Gelegenheit, ein selbständiges System der Volkssouveränetätslehre zu entwickeln, das den überkommenen Gedankeninhalt in wesentlichen Punkten fortbildet und den Lehren des nur wenige Jahre jüngeren *John Locke* durchaus ebenbürtig ist. Ja, in sachlicher Richtung wie Methode besteht zwischen beiden eine derartige Ähnlichkeit, dafs wir eine Beeinflussung *Lockes* durch *Sidney* mit Bestimmtheit annehmen würden, stände dem nicht *Lockes* eigene Erklärung entgegen, dafs er bei Abfassung seiner „Two treatises on government" das Buch *Sidneys* nur dem Namen nach gekannt habe.[2]) Jedenfalls stellen *Sidneys* Ausführungen ein wichtiges Bindeglied zwischen *Hobbes* und den Späteren dar und dürfen schon um dieser Thatsache willen nicht unberücksichtigt bleiben. Zudem ist *Rousseau* in intensiver Weise durch sie bestimmt worden.

Als Gegenstand seiner Untersuchungen bezeichnet *Sidney* die Prüfung des Ursprungs und Prinzips der Staaten. Und zwar gehört er zu den Wenigen, die sich des Wertes dieser traditionellen Problemstellung bewufst werden, indem er hervorhebt, dafs er diese Untersuchung nicht zu historischen Zwecken vornehme, sondern um das Kriterium zu finden, nach dem sich Recht von Unrecht scheiden lasse. „Wir können — erklärt er in Ausführung dieses Gedankens — die Wahrheit nicht von dem, was falsch ist, das Gerechte nicht von dem Ungerechten scheiden, noch wissen, zu welchem Gehorsam wir gegen den Souverän verpflichtet sind, wenn wir nicht wissen, wer dieser

---

[1]) Vergl. *Vorländer*, Geschichte der philosophischen Moral-, Rechts- und Staatslehre der Engländer und Franzosen; Marburg 1855, S. 387.

[2]) Siehe *Schärer*, John Locke, seine Verstandestheorie und seine Lehren über Religion, Staat und Erziehung. Leipzig 1860, S. 72. — Da wir übrigens aus der Zeitgeschichte wissen, — vergl. die Vorrede des französischen Übersetzers *Sidneys* —, dafs dessen Werk in mannigfachen Überarbeitungen als Lehrbuch der Staatskunst und Diplomatie zu Rate gezogen wurde, dürfte die Vermutung nicht fehlgreifen, dafs *Locke* mit den Gedanken *S.* zwar nicht durch das Original, aber irgend eine — vielleicht unter anderem Namen erschienene — Verarbeitung vertraut geworden ist.

Souverän ist, weshalb er es ist und durch wen er dazu gemacht ist.[1])

Die Grundvoraussetzung, von der er sich bei Beantwortung dieser Fragen leiten läfst, ist zunächst die Annahme einer fundamentalen Verschiedenheit von Gewalt und Recht. Zwischen beiden Begriffen kennt er keine Vermittlung: sie erscheinen ihm nicht blofs nach ihren sachlichen Merkmalen anders geartet, sondern er leugnet auch genetisch die Möglichkeit eines Entwicklungsprozesses von Gewalt zum Recht. Niemals könne man durch Gewalt oder sonstige ungerechte Mittel ein Recht erwerben und ebensowenig könne das, was in seinem Beginne ungerecht war, seine Natur verändern durch der Zeiten Folge.[2]) Die in diesen Sätzen gelegene und mit der Geschichte durchaus kontrastierende Schroffheit findet ihre Erklärung in einem Gedanken, der als zweite Voraussetzung die Ausführungen des *Sidney* beherrscht. Es ist die bereits bei der Darstellung des *Hobbes* charakterisierte Annahme, dafs in den Entstehungsgründen einer gesellschaftlichen Institution zugleich die Mafsstäbe zu ihrer Beurteilung zu finden seien.[3]) Diese ebenso irrige, wie für die Naturrechtslehrer typische Anschauung findet sich bei *Sidney* ausgesprochen in dem Satz, dafs sich alle Dinge der Welt nach einem Prinzip richten, das ihrem Ursprung konform ist.[4])

Dafs dieses Bekenntnis den Schlüssel für die hervorgehobene Auffassung *Sidneys* enthält, ist leicht zu erkennen. Denn wenn unsre Wertung von Gewalt und Recht eine verschiedene ist, diese aber von der Genesis beider Erscheinungen abhängig sein soll, so kann niemals ihre Entstehungsweise die gleiche sein, d. h. in besonderer Folgerung niemals Recht aus Gewalt entstehen.

Das Wesen der Rechtsordnung liegt für *Sidney* in der ethischen Gültigkeit, der verpflichtenden Kraft ihrer Gebote. Für die Rechtsqualität eines Befehls ist nicht seine Erzwingbarkeit, sondern seine Gesetzmäfsigkeit entscheidend: Recht ist gesetzmäfsige Macht. Indem *Sidney* diese Gesetzmäfsigkeit — die er wiederholt als Forderung der Vernunft hinstellt[5]) — als autonomes Gebot bestimmt und sie den Imperativen einer fremden Macht — den Merkzeichen der Willkür — ausdrücklich entgegensetzt, gewinnt er den Anknüpfungspunkt an die Tradition. Sind wir nur unter der Voraussetzung verpflichtet, den Geboten eines Souveräns zu gehorchen, sofern wir dabei den eigenen Gesetzen folgen, so kann

[1]) I, S. 18, 19.
[2]) I, 65, 66. III, 116.
[3]) Siehe oben S. 45.
[4]) I, 429.
[5]) II, 425. I, 186.

auch lediglich diejenige Staatsgewalt zu Recht bestehen und gesetzmäfsig sein, die sich auf die allgemeine Einwilligung des Volkes gründet.[1])

Die Notwendigkeit einer solchen Einwilligung wird nun in der üblichen Weise deduziert. Da die Menschen ursprünglich in vollkommener Rechtsgleichheit und Unabhängigkeit von einander geboren werden, so mufs sich gar bald mit dem Wachstum des Menschengeschlechts ein Zustand entwickeln, bei dem die Freiheit des einen der des anderen im Wege steht, und das ungesellige Leben als unverträglich empfunden wird mit dem allgemeinen Glücksstreben. Um den Unruhen und Gefahren eines solchen disziplinlosen Nebeneinander zu entgehen, giebt es zwei Möglichkeiten. Entweder benutzen die durch besondere Kraft Ausgezeichneten diesen Überschufs an Fähigkeiten zur Unterwerfung der Schwachen und zwangsweisen Herstellung geordneter Verhältnisse. Allein wenn man selbst zugeben wollte, dafs ein Mensch oder eine Minderheit von Personen ein Volk dauernd sich unterthan machen könnte, so würde eine solche Unterwerfung ungerecht sein und daher niemals Recht schaffen können. So bleibt nur die zweite Möglichkeit, welche darin besteht, dafs die Menschen freiwillig auf allgemeinen Akkord sich ihrer Freiheit insoweit berauben, als sie für notwendig erachten zum allgemeinen Wohl.[2]) Dies geschieht durch den Abschlüfs zweier Verträge. Zunächst vereinigt sich eine Mehrheit von Individuen oder Familien zu einem politischen Körper, in dem ein jeder das Recht sich selbst, sowie seine Kinder, zu beherrschen, auf die Gemeinschaft überträgt. Die so geeinigte Menge beschliefst dann zweitens einem oder mehreren Personen die höchste Gewalt zu übertragen oder sie sich selbst zu reservieren, bestimmt sich also für diejenige Art der Regierung, die ihren Zwecken am besten zu entsprechen scheint.[3])

Der Unterschied zwischen dieser Formulierung und dem Vertrag aller mit allen bei *Hobbes* liegt auf der Hand. Während der letztere von einer vollkommenen Entäufserung jedes individuellen Rechts ausgeht derart, dafs der Souverän den Unterthanen gegenüber eine absolute Machtfülle repräsentiert, ist für *Hobbes* die Hingabe der natürlichen Freiheit an die Staatsgewalt, wie in ihren Motiven, so in ihrem Umfang durch die Rücksicht auf das allgemeine Wohl be-

---

[1]) „Gewifs kann ein Volk gezwungen werden, unter den Vorschriften eines Tyrannen, den Regeln einer fremden Macht zu leben und zu seufzen, aber verpflichtet sind wir niemals, anderen als unseren eigenen Gesetzen zu gehorchen.“ (III, 429). „Keine Macht kann gesetzmäfsig sein, die nicht auf die Einwilligung der Völker gegründet ist.“ (I, 224.)

[2]) I, 61, 171, 182, 215, 443 ff. II, 271.

[3]) 1, 61, 217 ff.

stimmt. Aus dieser Konstruktion nachhaltige Konsequenzen zu ziehen, ermöglicht sich ihm zufolge der Abtrennung eines besonderen Vertrages über die Regierungsform von dem eigentlichen Staatsvertrage. Zwar hatte auch *Hobbes* die Staatsgewalt durch das Volk entstehen lassen, aber ihre Befugnisse blieben unabhängig von dessen Willen, weil ja ein jeder mit einem jeden kontrahiert und dadurch die Staatsgewalt mit allen ihren Rechten geschaffen hatte, ohne ihr andere, als moralische Verbindlichkeiten auferlegen zu können. Ganz anders *Sidneys* Auffassung, nach der sich das zur Einheit konstituierte Volk und die von diesem erwählten Herrscher als vertragschliefsende Personen gegenüberstehen und gegenseitige dauernde Verpflichtungen übernehmen.

Damit erscheint der Herrscher in vollkommen anderem Licht: er hört auf, die höchste Gewalt auf Erden darzustellen und mufs sich mit der Stellung des zwar ersten, aber absetzbaren Beamten begnügen. Diese auf Gedanken des *Althusius* zurückweisende Anschauung vertritt *Sidney* mit besonderer Schärfe und Rücksichtslosigkeit. Es sei ein allgemeiner Grundsatz, dafs derjenige, der errichtet habe, auch zerstören könne, zumal wenn diese Errichtung nicht blofs durch ihn, sondern auch für ihn geschaffen sei. Genau so verhalte es sich aber bei der Macht einer Regierungsform. Das Volk sei nicht blofs die Quelle jeder gesetzmäfsigen Staatsgewalt, sondern auch allein berechtigt, zu entscheiden, ob die Staatslenker das ihnen übertragene „öffentliche Gut" den Gesetzen d. h. dem allgemeinen Wohl entsprechend verwalten. Geschieht dies nicht — sei es aus Unfähigkeit, sei es aus bösem Willen — so gehen sie ihres Amtes verlustig und gelten schlechthin als Privatpersonen: „denn die Regierung ist nicht zum Vorteil der Regierenden, sondern zum Wohl der Regierten gegründet, ihre Gewalt ist kein Vorteil, sondern eine Bürde." [1])

Für diesen Beamtencharakter der Staatsgewalt ist es natürlich gleichgültig, auf wessen Schultern sie ruht. [2])

---

[1]) I, 200. III, 38.

[2]) Die Ausführungen über den Wert der möglichen Regierungsformen sind im Vorliegenden zumeist übergangen, weil sie ohne wesentliche Bedeutung für die Entwicklung rechtsphilosophischer Fragen sind. Bei *Sidney* verdienen sie aber besondere Hervorhebung wegen ihrer Ähnlichkeit mit Anschauungen des *Rousseau*. *Sidney* hält diejenige Regierung für die beste, in der die Herrscher tüchtig und klug sind. (I, 220.) Diesem Ideal komme am nächsten eine Mischung und Milderung der 3 Grundformen: Monarchie, Aristokratie und Demokratie. (I, 63.) Denn wenn auch die demokratische Regierungsform, weil in ihr ein jeder gleicherweise an der souveränen Autorität teilnehme, als die gerechteste, vernünftigste und natürlichste zu bezeichnen sei, so erscheint sie ihm andrerseits nur für eine kleine Stadt geeignet. (I, 444, 381.)

Die diesen Lehren entgegenstehenden Ansichten *Filmers*, daſs das Volk niemals berechtigt sei, die Beamten abzusetzen, und daſs insonderheit ein König absolut sein müsse, fertigt *Sidney* mit einer Heftigkeit und Schlagworten ab, die den Heerführern der französischen Revolution Ehre machen würden. Man könne nicht Worte finden, die stark genug seien, um auszudrücken, wie eine solche Lehre ungerecht und der Natur entgegengesetzt sei. Und an einer anderen Stelle fragt er, ob denn der König die Unterthanen geschaffen habe und nicht vielmehr diese den König, ob die Fürsten für die Völker oder etwa die Völker für die Fürsten da seien? [1])

Kurz, in welchen Formen auch immer ein Staat regiert werde, in jedem Fall seien die mit der Souveränetät betrauten Personen nichts als Beamte und Kreaturen des Volks.

Allein wie soll ein derartiger Konflikt zwischen Volk und Regierenden zum Austrag gebracht werden, wer soll entscheiden, ob diese den an sie gestellten Aufgaben gerecht geworden sind oder die Gesetze verletzt haben?

Die Schwierigkeiten, die diese Frage für *Hobbes* zur Folge hatte, und die ihn zu der Durchhauung des Knotens im Sinne des Absolutismus veranlaſsten, kennt *Sidney* nicht. Da er von der Voraussetzung ausgeht, daſs die Gesetze ein Erzeugnis des Volkes sind und seinem eigenen Vorteil dienen, so spricht er unbedenklich dem Volk das Recht der Entscheidung zu, da man sich nicht leicht vorstellen könne, daſs es ein ungerechtes Urteil gegen sich selbst fällen werde! Das freilich bringt er sich zum Bewuſstsein, daſs bei der Realisierung derartiger Verdikte das Instrument der Rechtsordnung versagen kann, falls nämlich die Regierenden dem Volksgebot, abzudanken, Widerstand entgegensetzen. Daher predigt er mit unbefangener Schärfe das Recht der Revolution. Wenn man diejenigen, die man zur Vernunft bringen will, nicht nach juristischen Gesichtspunkten zur Unterwerfung bringen könne, so müsse man zu nichtjuristischen seine Hilfe nehmen. Es sei verfehlt mit dem Ausdruck „Empörung" stets den Begriff von etwas Schlechtem zu verbinden. Denn wenn auch die Mittel, deren man sich bediene, um ein unterdrücktes Volk von einem Gewaltherrscher zu befreien, gewissermaſsen auſsergewöhnlich seien, so genüge die innere Gerechtigkeit der Handlung, um diese Befreier des Vaterlandes vollkommen zu rechtfertigen. [2]) Jede Auflehnung des

---

[1]) I, 12; II, 221.
[2]) II, 79, 80.

Volkes sei zwar ein Friedensbruch, aber wie man aus gerechten Gründen den Frieden brechen könne, so könne auch eine Volksrebellion berechtigt sein.[1]

Die innere Berechtigung dieses „Rechtes der Revolution" zu prüfen, wird sich uns bei der Darstellung der Lehren *Rousseaus* Gelegenheit bieten. Hier sei nur darauf hingewiesen, dafs diese Lehre konsequent aus *Sidneys* Auffassung vom Recht herauswächst: da sich die Mission der Rechtsordnung, nicht wie bei *Hobbes*, in der Erhaltung des Friedens erschöpft, vielmehr die vernunftgemäfse Ausgestaltung des Lebens begreift, so erscheint es allerdings geboten, jeder Macht, die als Organ der Rechtsordnung im Staate auftritt, die Existenzberechtigung abzusprechen, sobald sie den Zwecken des Rechts entgegentritt.

IX.

Die staatsphilosophischen Anschauungen *John Lockes*, enthalten in seinen „Two treatises of government"[2] (1689), haben eine doppelte Bedeutung. Erstens gewähren sie einen Ruhepunkt nach der vorausgegangenen Entwicklung, indem sie noch einmal die gangbaren Lehren vom Naturzustand und Staatsvertrag scharf und ausführlich zur Darstellung bringen. An diesem Mafsstab gemessen, enthalten seine Abhandlungen kaum eine Ansicht, für die sich nicht entweder bei *Hobbes* oder *Sidney* ein Analogon aufweisen läfst. Aber diese Zusammenfassung und klare Ausprägung der überkommenen Gedanken ist keinesfalls ihr einziges Verdienst. Dieses besteht vielmehr zu zweit in den Anregungen, die sie für die Fortentwicklung der naturrechtlichen Theorieen gegeben haben — Anregungen, die auf nationalökonomische[3] und Fragen des allgemeinen Staatsrechts übergreifen, und daher die dieser Darstellung gesteckten Grenzen weit überschreiten. Für uns ist die Lehre *Lockes* vorzüglich deshalb von Interesse, weil *Rousseau* in ihr die dem eignen System am nächsten stehenden Prinzipien sah.[4]

Einen Traktat vom „Rechte, das mit uns geboren" könnte man seine Naturrechtslehre nennen. Denn mehr als bei irgend einem

---

[1]) III, 300.

[2]) Der Titel heifst genauer: T. t. o. g., in the former the false principles and foundation of Sir *Robert Filmer* and his followers are detected and owerthrown, the latter is an essay concerning the true original, extent and end of civil government. Works, London 1812, Band 5.

[3]) Die Bedeutung *Lockes* als Nationalökonom ist bislang nicht genügend gewürdigt worden. Mit Recht nennt ihn *Julius Wolff* in dieser Hinsicht den „grofsen Unbekannten". Sozialismus und kapitalistische Gesellschaftsordnung S. 38 Anm. 80 ff.

[4]) Briefe vom Berge. 6. Brief. — Werke III, S. 263

seiner Vorgänger liegt seinen Gedankengängen der Glaube an die Existenz von Normativbestimmungen zu Grunde, die vor und unabhängig von jeder gesellschaftlichen und staatlichen Regelung menschlichen Lebens geltende Kraft besitzen. Dementsprechend faſst er den Naturzustand auch nicht als Verneinung, sondern als Vorbild jeglicher Ordnung auf, er erscheint ihm als ein Inbegriff geordneter Beziehungen, die nicht bloſs die Keime für jede politische Rechtsordnung enthalten, sondern zugleich auch nach Errichtung der Staaten ihre Wirksamkeit äuſsern. Der Naturzustand kann also nicht durch das brutale Aufeinanderplatzen menschlicher Instinkte gekennzeichnet sein. Zwar besteht zwischen den Menschen von Natur Freiheit und Gleichheit,[1] ein jeder kann über seinen Besitz und seine Person nach Gutdünken verfügen, ohne hierbei dem Willen oder der Autorität eines anderen unterworfen zu sein. Aber alles dies vollzieht sich in den Grenzen des natürlichen Gesetzes oder der Vernunft. Die Auffassung dieses natürlichen Gesetzes bei *Locke* ist durchaus von der des *Hobbes* verschieden. Sein Wert beschränkt sich nicht darauf, als gelegentliches Motiv „zu Friede und Gehorsam" in den im übrigen herzlich wenig seinen Geboten nachlebenden Menschen zum Bewuſstsein zu kommen; es ist keine bloſs ideelle Macht, vielmehr ein Kodex von Verordnungen, deren Wirksamkeit den einzelnen höchst fühlbar zur Geltung kommt. Wer nämlich seinen Geboten entgegenhandelt und den anderen an Leben, Freiheit oder Besitz schädigt, unterliegt der Jurisdiktionsbefugnis eines jeden. Es besteht also im Naturzustand nicht bloſs die unpersönliche — legislative — Macht des natürlichen Gesetzes, die dem einzelnen verbietet, seinen Egoismus auf Kosten der anderen zu befriedigen, sondern zugleich eine exekutive und jedermann zukommende Gewalt, den Übertreter des Gesetzes zu strafen. Die Existenz eines solchen natürlichen Rechtes zur Bestrafung rechtfertigt *Locke* durch die naive Bemerkung, daſs ja anderenfalls das natürliche Gesetz nutzlos sein würde.[2]

Indessen kann dieser Zustand friedlicher Harmonie unmöglich von Dauer sein. Die Entwicklung treibt vielmehr mit Notwendigkeit zu einem „state of war" im Sinne des *Hobbes*. Und zwar sind es zwei Kräfte, die in diesem Entwicklungsprozeſs eine wesentliche Rolle spielen. Einmal Feindseligkeiten und Angriffe einzelner, die der Freiheit und Sicherheit der übrigen allmählich verhängnisvoll zu

---

[1]) *L.* erklärt ausdrücklich, daſs diese Gleichheit nicht aufzufassen sei als Gleichheit der Fähigkeiten, vielmehr lediglich bestehe „in respect of jurisdiction or dominion one over another." (368, 69.)

[2]) 339—44.

werden drohen. Neben diesem traditionellen Faktor weist aber *Locke* zweitens der Entstehung des Eigentums eine ausschlaggebende Bedeutung zu.

Da die hierher gehörenden Ausführungen für die Geschichte der Sozialphilosophie im allgemeinen und die Anschauungen *Rousseaus* über Ursprung und Wert des Eigentums im besonderen von hervorragendem Werte sind, reproduziere ich sie mit *Lockes* eigenen Worten:

„Die Erde und alles, was auf ihr wächst, ist den Menschen zum Unterhalt und zur Bequemlichkeit ihres Daseins gegeben. Die Früchte, die sie von Natur hervorbringt, die Tiere, die sie nährt, gehören der Menschheit gemeinsam, da sie durch die selbstthätige (spontaneous) Hand der Natur hervorgebracht sind. Niemand hat von Natur ein Privateigentum, das den Rest der Menschheit ausschliefst. Da aber die Dinge für den Gebrauch der Menschen da sind, so mufs es notwendig ein Mittel geben, sie auf dem einen oder anderen Wege einzelnen ausschliefslich zuzuwenden, damit sie von diesen verwertet werden und überhaupt den Menschen von Nutzen sein können."[1]

Da nun der Mensch „absolute lord of his person"[2] ist, so giebt es vor der Begründung einer Rechtsordnung und vor jeder Konvention einen — und zwar den einzigen unbestrittenen — Eigentumstitel. Das ist die Arbeit. Was der Mensch durch die Arbeit seines Körpers erzeugt, das Werk seiner Hände, gehört ihm, weil hier seine Thätigkeit dem für alle bestimmten Gegenstand etwas hinzugefügt hat, das er daher sein eigen nennen darf.[3]

Mit diesem Augenblick — der Geburt des Privateigentums — giebt es für die Menschen aufser Freiheit und Leben noch ein drittes Gut, dessen Schutz ihnen am Herzen liegt. Zugleich aber erwachen Unfriede und Zwist, Begierden und Hader, kurz ein Zustand der Unruhe, zu dessen Schlichtung die natürliche Ordnung der Dinge sich unfähig erweist. Die Mängel des Naturzustandes treten nunmehr immer deutlicher und unerträglicher zu Tage: es fehlt an einem allgemeinen Mafsstab zur Entscheidung von Streitigkeiten, sowie einem unparteiischen Richter. Um diese Vorteile zu erreichen, eine Autorität also zu schaffen, an die jeder appellieren kann, und der jeder gehorchen mufs, vereinigen sich die Menschen freiwillig zu einer bürgerlichen Gesellschaft oder einem politischen Körper unter einer obersten Leitung, indem sie auf ihre natürlichen Rechte zu Gunsten der Gemeinschaft und im Interesse ihres eigenen Wohles resignieren.[4] „Wenn eine Menge derart übereingekommen ist, eine

[1] S. 353.
[2] S. 411.
[3] S. 352 ff.
[4] S. 412, 389.

Gemeinschaft oder Regierung zu errichten, so sind sie sogleich inkorporiert und bilden eine politische Gemeinschaft, in der die Mehrheit das Recht hat, über die Minderheit zu verfügen." [1])

Während also die Begründung des Staates nur durch Einhelligkeit der Mitglieder geschehen kann, herrschen seitdem die Beschlüsse der Majorität; „denn es wäre der alte Naturzustand, wenn ein jeder nur das zu thun verpflichtet sei, was ihm passend erscheine."

Innerhalb dieses Gemeinwesens scheidet *Locke* in einer für die Theorie des *Montesquieu* vorbildlichen Weise drei Gewalten. [2]) Erstens die legislative Gewalt, deren Errichtung das oberste und grundlegende Gesetz aller Gemeinwesen darstellt und allen positiven Gesetzen vorausgeht. Sie hat anzuordnen, wie die Macht des Staates zu verwenden sei zum Schutze der Gesamtheit und ihrer Mitglieder. Diese Thätigkeit darf aber, damit nicht die gleiche Unsicherheit, wie im Naturzustande herrsche, nicht in gelegentlichen und willkürlichen Verordnungen (by extemporary, arbitrary decrees) bestehen, sondern nur nach festen Regeln und im Einklang mit den Zwecken der Gesellschaft erfolgen. [3])

Die Grenzen dieser gesetzgebenden Gewalt deduziert *Locke* auf folgende Weise. Da niemand mehr Gewalt, als er selbst hat, übertragen könne und im Naturzustand niemand absolut willkürlich über Leben und Gut der anderen verfügen könne, so sei es auch unmöglich, dafs die Vertreter der höchsten Gewalt im Staate eine solche Macht besäfsen. Diese bleibe vielmehr an das Wohl der Gesellschaft gebunden und könne niemals dazu berechtigen, die Unterthanen zu vernichten, zu knechten oder absichtlich ärmer zu machen. Das natürliche Gesetz gilt als Regel für jedermann, Gesetzgeber wie Unterthan. [4]) Mit anderen Worten: die Menschen verlassen den Naturzustand und opfern ihre natürliche Freiheit und Macht zu Gunsten der Staatsgewalt, um als Äquivalent dieser Hingabe einen besseren Schutz für ihre Freiheit und ihr Eigentum zu erlangen [5]) Dieser Endzweck der bürgerlichen Gesellschaft bleibt die ständige Grundlage für den Umfang der Befugnisse der legislativen Gewalt.

---

[1]) S. 394 ff., 415.

[2]) Vergl. Kapitel 12.

[3]) Zwei Anforderungen stellt *L.* damit an die Gesetze: 1. Sie dürfen nicht für den einzelnen Fall wechseln: es soll eine Regel gelten für den Günstling am Hof, wie den Landmann am Pfluge; 2. der Endzweck aller Gesetze soll das Wohl des Volkes sein (423, 424).

[4]) S. 417, 418.

[5]) *Locke* spricht einmal von der Verpflichtung der Staatsgewalt to secure every one's property (415) und nennt an anderer Stelle (412) als Grund und Zwecke der Gesellschaft: mutual preservation of theyr lives, liberties and estates which I call by the general name property. (412.)

Das will in besonderer Folgerung sagen: einmal, dafs die Staatsgewalt nicht berechtigt ist, dem einzelnen sein Eigentum ganz oder teilweise (wie bei den Steuern) zu entziehen, ohne seine Einwilligung,[1]) und zweitens, dafs sie, wie hinsichtlich ihrer Entstehung auch nach Dauer und Geltung von dem Willen des Volkes in Abhängigkeit verbleibt. Diese letztere Beschränkung ist die eigentliche Quintessenz und revolutionäre Spitze der *Locke* schen Staatsphilosophie.

Kommt das Volk zur Erkenntnis, dafs die Legislative das ihr geschenkte Vertrauen mifsbraucht und den Endzweck der Gesetze offensichtlich vernachlässigt, so ist es sein gutes Recht, die Gewalt so zu übertragen, wie es für seine Sicherheit passend erscheint. Das Volk ist also, wie bei *Althusius* und *Sidney* die in Wahrheit oberste Gewalt:[2]) die Regierung ist nichts, als ein Organ des Volkes.

Dafs mit dieser Auffassung die absolute Monarchie unverträglich erscheint, ist selbstverständlich und wird von *Locke* ausdrücklich betont. Denn wenn die Gründung der Gesellschaft den Zweck hat, die einzelnen vor gegenseitigen Angriffen und Verletzungen zu schützen, so kann dieser Zweck niemals bei einer Regierungsform erreicht werden, bei welcher ein Mann aufserhalb der Schranken der bürgerlichen Gesellschaft steht, die Unterthanen also ihm gegenüber im Naturzustand verbleiben und niemals vor seinen Gewaltthaten sicher sein können. Das wäre gerade so thöricht, als wenn die Menschen zwar vor Iltis und Fuchs Angst empfänden, aber durchaus zufrieden wären, sich von Bären auffressen zu lassen[3]).

Die beiden übrigen Gewalten sind in ihren Funktionen durch das Walten der Legislative bestimmt, sie sind Vollzugsorgane der letzteren und daher zweckmäfsig von ihr zu trennen. *Locke* unterscheidet die exekutive Gewalt, die in den inneren Angelegenheiten die Gesetze des Staates zur Geltung bringt, und die föderative Gewalt, die das Gemeinwesen nach aufsen hin verteidigt und vertritt.[4])

---

[1]) 421.

[2]) „And thus the community perpetually retains a supreme power of caving themselves from the attempts and designs of any body even of theyr legislators, whenever they shall be so foolish or so wicked as to lay and carry on designs against the liberties and properties of the subiect for no man or society of men having a power to deliver up theyr preservation or consequently the means of it to the absolute will and arbitrary dominion of another whenever any one shall go about to bring them into such a slavish condition, they will always have a right to preserve what they not a power to part with and rid themselves of those who invade this fundamental, sacred and unalterable law of self-preservation for which they entered into society. And thus the community may be said in this respect to be always the supreme power." (426, 27.)

[3]) S. 389 ff.

[4]) S. 424 ff. Aufserdem soll die exekutive Gewalt alle diejenigen Fälle zur billigen Entscheidung bringen, die das Gesetz nicht vorausgesehen hatte.

Wie fest bei *Locke* der Glaube an die vertragsmäfsige Entstehung der Staaten wurzelt, zeigt die Art seiner Widerlegung möglicher Einwände. Er wirft zunächst die Frage auf, ob es denn einen Naturzustand gegeben habe und bejaht sie. Der Naturzustand stellt für ihn ein historisches Faktum dar, an das die Völker nur deswegen gar keine oder eine ganz verschwommene Erinnerung haben, weil sie erst spät an die Erforschung der Anfänge des Gemeinwesens gehen. Der Einzelmensch erinnere sich ja auch nicht seiner Geburt und jüngsten Kindheit.

Trotzdem besitzen wir in einzelnen Daten der Geschichte wenigstens offenbare Anhaltspunkte für die Entstehung der Staaten durch Vertrag. Da zudem die Vernunft die ursprüngliche Freiheit der Menschen lehre und daher lediglich eine vertragsmäfsige Bindung ihres Willens zulasse, so könne kein Zweifel sein, dafs die Staaten in der angegebenen Weise entstanden sind oder — wie *Locke* abschwächend hinzusetzt — entstanden sein können[1]. Dabei verschliefst er sich keineswegs der Erkenntnis, dafs in der Geschichte der Menschheit Waffengewalt und Kriegslärm eine bedeutsame Rolle spielen. Diese könnten aber als konstitutive Faktoren des Staates ebensowenig in Betracht kommen, als man berechtigt sei, die Niederreifsung eines Hauses als Ursache der Entstehung eines neuen aufzuführen. Eroberung und Usurpation seien zwar imstande, durch Zerstörung des alten Gemeinwesens den Weg zur Errichtung eines neuen zu ebnen, dieses entstehe aber stets erst durch den Konsens der Unterthanen[2].

Einen ferneren Einwand entnimmt *Locke* den Ausführungen *Filmers*. Dieser hatte die Frage aufgeworfen, woher denn den Menschen das Recht erwachsen solle, durch ihren Willen einen Staat zu gründen, da ja doch ein jeder bereits mit seiner Geburt der väterlichen Regierung und Herrschaft unterthan sei und dadurch ipso jure dem politischen Verbande einverleibt werde, welchem der Vater angehöre. *Locke* sieht den Grundirrtum der Lehre *Filmers* in der Zurückführung der politischen Gewalt auf die väterliche. Diese seien vielmehr strikt von einander zu scheiden. Die Abhängigkeit der Kinder von den Eltern und besonders von dem Vater bestehe lediglich solange, als sie der Vernunft und Fähigkeit selbständiger Lebensführung ermangelten. Niemals aber habe der Vater ein Recht, sie auch über die Zeit der Kindheit hinaus zu binden. Das Recht der Erwachsenen in der Wahl eines

(434.) Ebenso gehört zu den Befugnissen der vollziehenden Behörde die Prärogative d. h. das Recht, die Strenge der Gesetze gegebenenfalls bei der Anwendung zu mildern.

1) S. 397 ff.

2) S. 443.

Gemeinwesens und freiwilligen Unterordnung unter die ihnen genehme Regierungsform wird also durch die Existenz einer väterlichen Gewalt nicht berührt.[1])

Locke erkennt drittens an, dafs die Einwilligung der einzelnen nicht ausdrücklich geäufsert zu werden brauche, er begnügt sich wie die übrigen Naturrechtslehrer mit einem stillschweigenden Konsens, zu dessen Annahme die Thatsache berechtige und ausreiche, dafs jemand — als Erwachsener — in einem Lande und unter einer bestimmten Staatsverfassung lebe.[2])

X.

Der letzte unter den Vorgängern *Rousseaus*, der für die Zwecke dieser Darstellung Bedeutung hat, ist *Montesquieu*. Sein im Jahre 1748 erschienenes Werk über den „Geist der Gesetze"[3]) gehört zu den meistüberschätzten Büchern der Weltgeschichte. Wenngleich sich sein kulturhistorischer Erfolg ebensowenig wie sein Einflufs auf die Ausbildung des allgemeinen Staatsrechts leugnen läfst, ihm auch das Verdienst einer pikanten und leichten Darstellung nicht im mindesten gekürzt werden soll, so kann andrerseits nicht verkannt werden, dafs die rechtsphilosophische Spekulation nur wenig durch dieses Buch gefördert ist.[4]) Ich finde, dafs dieser „Geist der Gesetze" nur wenig „Geist", dafür aber eine Unmenge zusammengelesenen Anekdotenkrames enthält, dafs er einen höchst zerfahrenen und oberflächlichen Empirismus zur Schau trägt, ohne deshalb auch nur im mindesten den Boden der naturrechtlichen Abstraktion zu verlassen[5]).

Es kann nicht die Aufgabe dieser Darstellung sein, die dickleibige Gedankenarmut dieses Werkes darzuthun, hier handelt es sich vielmehr nur um die Herausschälung der eigentlich rechtsphilosophischen Gedanken, derjenigen also, die für die naturrechtliche Entwicklung in Frage kommen.

Der Grundgedanke des Werkes liegt in der Hervorhebung, dafs die unendliche Verschiedenheit in den Gesetzen und Sitten der Völker nicht als regellose Willkür, sondern als die besondere An-

---

[1]) S. 369, 406 ff.

[2]) S. 409 ff.

[3]) Ich benutze die Ausgabe: Paris. 1845.

[4]) Ein Urteil vollends, wie das von *Janet*, der den Esprit des Lois nicht blofs für das gröfste Buch des 18. Jahrhunderts, sondern für ein Werk hält, dem in der Geschichte der Staatswissenschaften nur die Politik des *Aristoteles* zur Seite zu stellen sei, ist gänzlich unbegründet. — *Janet*, Histoire de la science politique III édit. II, 322.

[5]) *Morley*, Rousseau 2 Bde., London, 1873 bezeichnet seine Methode als „incomplete posivity." (I, 156.)

wendung bestimmter allgemeiner Grundgesetze aufzufassen sei.[1]) Hierunter versteht er in der weitesten Bedeutung die notwendigen Beziehungen, die sich aus der Natur der Dinge ergeben. Die Reflexion auf die Gesetze der Menschen insonderheit erfordert aber eine weitere Scheidung. „Bevor es gemachte Gesetze gab, gab es mögliche Rechtsbeziehungen. Die Behauptung, dafs nichts gerecht oder ungerecht sei, als was die gegebenen Gesetze befehlen oder verbieten, ist ebenso unrichtig, als wenn man sagen wollte, dafs nicht alle Halbmesser gleich wären, bevor man einen Kreis gezogen hätte.“[2]) Um über die positiven Gesetze zur Klarheit zu kommen, mufs man zurückgehen auf diese möglichen Rechtsbeziehungen, die *Montesquieu* Naturgesetze nennt und speziell als diejenigen Beziehungen definiert, die sich aus der Beschaffenheit unseres Wesens, und zwar vor Gründung der Gesellschaft, ergeben. Das Inventar dieser Naturgesetze ist recht dürftig: es besteht nur aus dem durch Nahrungs- und Geschlechtstrieb hervorgerufenen und durch die Erlangung von Kenntnissen gesteigerten Wunsche, in Gesellschaft zu leben.

Sobald diese aber entstanden ist — über das Wie? ihrer Entstehung äufsert sich *Montesquieu* nicht — tritt uns ein völlig geändertes Bild entgegen. Die ursprüngliche Gleichheit der Menschen und das Gefühl ihrer Schwäche hört auf, und es entsteht zugleich ein Kriegszustand doppelter Art: von Volk zu Volk, indem jede Gesellschaft sich gegen andere durchzusetzen sucht, und innerhalb der Gesellschaft, indem jeder seine Kraft fühlt und sich gröfstmögliche Vorteile erwerben will. Das sind die Entstehungsgründe der positiven Gesetze.[3])

Durch sie werden die gegenseitigen Beziehungen der Menschen in zwei Hinsichten geändert. Einmal entsagen sie der natürlichen Unabhängigkeit, um unter Staatsgesetzen zu leben und dadurch frei zu werden. Denn die Freiheit, die innerhalb der bürgerlichen Gesellschaft besteht, ist nicht Willkür, sondern das Recht, alles thun zu dürfen, was die Gesetze erlauben. Zweitens entsagen die Menschen der natürlichen Gütergemeinschaft, — die *Montesquieu*, wie *Grotius*, ohne Begründung für den Naturzustand annimmt, — um unter bürgerlichen Gesetzen zu leben. Diese begründen das Privateigentum, sie sind ein „Bollwerk“ desselben.[4])

Die Urteile des *Montesquieu* über Staatsverfassungen verraten

---

[1]) Vorrede.
[2]) Buch I, Cap. 1.
[3]) Buch 1 C. 1, 23.
[4]) Buch 26 C. 15. B. 11, C. 3.

den weltgewandten Politiker, dessen Ansichten übrigens weder originell, noch, wie man gelegentlich behauptet hat, revolutionär zu nennen sind.[1]) Das Ideal einer Staatsform scheint ihm diejenige zu sein, bei welcher die bürgerliche Freiheit des Volkes, die Vorrechte des Adels und die Macht der Könige gleichmäſsig gewahrt bleiben. Man weiſs, daſs er die Verwirklichung dieses Musterbildes in der konstitutionellen Monarchie Englands erblickte und ihr eine ausführliche Darstellung in dem „berühmten" 6. Kapitel seines 11. Buches gewidmet hat. Auf diese Darstellung des näheren einzugehen, ist hier nicht der Ort, es genügt, diejenigen allgemeinen Prinzipien anzuführen, die für die Gedankenwelt des *Rousseau* in Frage kommen. Es sind dies drei:

1. die Einteilung der Staatsgewalt entsprechend dem Vorbild *Lockes* in die gesetzgebende, ausführende und richterliche,
2. die Zweckmäſsigkeit der Trennung dieser Gewalten.[2]) Charakteristisch ist hierbei, daſs nach *Montesquieus* Ansicht die ausführende Gewalt in den Händen eines Monarchen sein muſs, weil dieser Teil der Regierung fast immer eine augenblickliche Thätigkeit erfordert und daher besser durch einen als durch mehrere verwaltet wird,
3. die Anerkennung des Repräsentativsystems: „Da in einem freien Staate jeder Mensch, der im Besitze eines freien Willens ist, sich selbst regieren soll, so müſste das Volk in seiner Gesamtheit die gesetzgebende Gewalt besitzen. Da dies aber in groſsen Staaten unmöglich ist und in kleineren Staaten zu allerhand Unzuträglichkeiten führt, so muſs das Volk alles, was es selbst nicht verrichten kann, durch seine Vertreter besorgen lassen."

Neben den durch das Volk gewählten Abgeordneten soll aber die gesetzgebende Gewalt noch durch eine Körperschaft von Adligen ausgeübt werden.

---

[1]) *Lippert* wirft in dem Artikel über *Mont.* in dem Handwörterbuch für Staatswissenschaften die Frage auf: „Wer hätte es vor ihm gewagt, die absolute Monarchie einer wissenschaftlichen Kritik zu unterwerfen?" Antwort: *Sidney*, der dafür aufs Schaffot gekommen ist, und *Locke*, der seine Stellung zu dieser Staatsform ungleich bestimmter und einwurfsfreier zum Ausdruck gebracht hat, als *Montesquieu*. Denn dessen Ausführungen sind kaum eine „wissenschaftliche Kritik" zu nennen, vielmehr höchstens eine diplomatisch wohlverklausulierte Satire, die zwar für den Kundigen durchsichtig genug war, aber weder von besonderem Mut noch Scharfsinn zeugt. Buch 3 C. 3, 5 u. 6.

[2]) „Wenn die gesetzgebende Gewalt mit der ausführenden in derselben Person oder derselben obrigkeitlichen Körperschaft vereinigt ist, giebt es keine Freiheit, weil zu fürchten ist, daſs der Monarch oder Senat tyrannische Gesetze gebe und sie tyrannisch ausführe. Ebensowenig besteht eine Freiheit, wenn die richterliche Gewalt nicht von der gesetzgebenden und ausführenden Gewalt getrennt ist. Wenn sie mit der gesetzgebenden Gewalt verbunden wäre, so würde die Macht über Leben und Freiheit der Bürger eine willkürliche sein; denn der Richter wäre zugleich Gesetzgeber. Wenn sie mit der ausführenden Gewalt verbunden wäre, so würde der Richter die Macht zur Bedrückung haben."

Zweites Buch:

Rousseau.

Erstes Kapitel:

Allgemeine Übersicht und Methode.

I.

Eine äufsere Veranlassung, die Preisfrage der Akademie zu Dijon, weckte zuerst[1]) *Rousseaus* Nachdenken über das Recht. Die Antwort auf jene Frage: „welches ist die Ursache der Ungleichheit unter den Menschen, kann sie durch das natürliche Gesetz gerechtfertigt werden?" ist sein Diskurs über die Grundlagen der menschlichen Ungleichheit, der 1750 geschrieben wurde und 1755 im Drucke erschien. Die Art der Fragestellung verwies ihn in traditionelle Bahnen. Lag doch in ihr ebenso die Annahme, dafs die bestehende Ungleichheit der Menschen nicht eine reine Wirkung ihrer natürlichen Eigenschaften, kein blofses Naturprodukt sei und daher einer Rechtfertigung bedürfe, wie andrerseits die Vermutung, dafs diese Rechtfertigung möglicherweise in den Vorschriften des natürlichen Gesetzes zu finden sei. *Rousseau* ging diesen Fragen durchaus schulgemäfs nach, nur unter schärferer Betonung der ja auch von *Hobbes* und *Locke* ausgesprochenen Lehre, dafs ein Teil der vorhandenen Ungleichheit unter den Menschen von Natur bestehe,[2]) dafs daher für dieses Gebiet die

[1]) Denn von dem ersten Diskurs: „Si le rétablissement des sciences et des arts a contribué à épurer les mœurs" (1750), der nach *Rousseaus* eigener Erklärung durchaus der Logik und Ordnung ermangelt (Werke 8, Confessions II Livr. VIII S. 250) können wir für unsre Zwecke absehen.

[2]) Falsch ist daher *Hettners* Darstellung (Literaturgeschichte des achtzehnten Jahrhunderts, 5. Aufl. Teil II S. 456), *Rousseau* behaupte in dem

Frage nach Entstehung und Berechtigung gegenstandslos sei. Aber auch die Auffassung des Rechts, auf das ja nach naturrechtlichem Herkommen jede Untersuchung über Gleichheit und Ungleichheit der Menschen hinwies, war durchaus im Sinne der überlieferten Anschauungen. Und zwar war es *Pufendorfs* scharfe Scheidung zwischen dem Gesellschafts- und Herrschaftsvertrage, die seine Konstruktion der Gesellschaft und des Staates im Diskurs am stärksten beeinflufste und ihn veranlafste, jene unter dem Gesichtspunkt eines Schutz- und Trutzbündnisses aller mit allen, diesen als Vertrag zwischen Volk und Herrscher anzusehen.[1]) In beiden Fällen will er einen Entstehungsprozefs zur Darstellung bringen, den Übergang nämlich vom Naturzustand zum gesellschaftlichen Leben und zur Gründung des Staates. Es handelt sich für ihn um die Schilderung des Augenblicks in dem Fortgang der Dinge, in welchem das Recht an die Stelle der Gewalt getreten ist, und die Natur dem Gesetze unterthan ward,[2]) er will den Ursprung der Gesellschaft und die Errichtung des Staatswesens darstellen. Freilich ist diese Entstehungsgeschichte von besonderer Art: sie ist lediglich hypothetisch zu verstehen. *Rousseau* betont ausdrücklich, die von ihm geschilderten Vorgänge könnten auch einen anderen Gang genommen haben, es seien Raisonnements, deren Zweck darin bestehe, die Natur der Dinge zu erhellen, nicht ihren wirklichen Ursprung zu zeigen.[3])

Es ist also nicht der wirkliche Gang der Ereignisse, der das Interesse des Rechtsphilosophen in Anspruch nimmt. Dieser hat nicht das historisch überlieferte Werden der Gesellschaft, sondern nur bestimmte Entstehungsweisen zur Darstellung zu bringen, diejenigen nämlich, die der Vernunft entsprechen und aus der „Natur der Sache" hervorgehen.

Wir können uns heute nur schwer in eine Auffassung hineinfinden, die, wie die charakterisierte, der Geschichte Gewalt anthut und bestimmte Ereignisse in den Vordergrund der Betrachtung rückt, andre wiederum schlechthin ignoriert. Und doch ist sie völlig konsequent von dem Standpunkt der alten naturrechtlichen Voraussetzung, dafs die Beurteilung der Dinge nach ihrer Entstehung zu erfolgen habe. Wenn zu den Merkmalen, die uns berechtigen, einen Inbegriff von Menschen als politische Gemeinschaft aufzufassen,

---

Diskurs nicht blofs die Möglichkeit ursprünglicher Gleichheit, sondern die Wirklichkeit derselben sei bei ihm unbedingte, nicht erst zu beweisende Voraussetzung. — Ebenso *Lorenz von Stein*, Sozialismus und Kommunismus des heutigen Frankreichs 1848 2. Aufl. Bd. I, 87.

[1]) Werke I, 114 ff., 120.

[2]) a. O. 83.

[3]) a. O. 104, 83.

eine bestimmte Entstehungsweise gehört, so ist es ganz konsequent, nur dieser seine Aufmerksamkeit zuzuwenden, und andersartig verlaufende Prozesse als nebensächlich anzusehen. Den modernen Einwänden, dafs Staaten nicht auf dem Wege des Vertrages entstehen, könnten die Naturrechtslehrer mit Fug nach den Prämissen ihres Systems entgegenhalten, einmal dafs einige Staaten allerdings auf diese Weise entstanden sind — worin ihnen die Geschichte Recht gegeben hat —, zweitens aber, dafs hiervon abweichende Arten der Vereinigung von Menschen und Begründung von Herrschaftsverhältnissen aus dem Grunde aufser Betrachtung bleiben müssen, weil sie dem angenommenen Mafsstab für die Beurteilung gesellschaftlicher und politischer Phänomene widersprechen, und, da dieser die Entstehung durch Vertrag fordert, für den Zweck der Beurteilung unwesentlich sind. Ganz im Sinne der bisherigen Entwicklung und im engsten Anschlufs an seinen hierin klarsten Vorgänger *Sidney* lehnt daher *Rousseau* die Zurückführung des Staates auf Eroberungen Mächtiger zurück. Denn die Frage nach der Entstehung des Staates ist mit der Frage nach der Entstehung des Rechts identisch. Da dieses nicht in der Wirksamkeit blofser Machtfaktoren aufgeht, — eine Begründung dieser Ansicht giebt freilich erst der Contrat social — vermag es auch nicht durch diese ins Leben gerufen zu werden. Daher kann die gewaltsame Eroberung, da sie selbst keine rechtliche Qualität besitzt, auch kein Recht erzeugen.[1])

Einen durchaus anderen Standpunkt nimmt *Rousseau* in der Beurteilung der Staatsgewalt ein. Hatte *Bodinus* die absolute Staatsgewalt als notwendige, *Grotius* sie als mögliche Folge des staatlichen Lebens angesehen, so entkräftet *Rousseau* beide Anschauungen. Absolute Regierungen repräsentieren nach seiner Ansicht nicht den ursprünglichen Charakter, sondern nur die Entartung politischer Gesellschaften. Und zudem könnten diese Herrschaftsformen niemals zur Grundlage der Gesetze herangezogen werden, da sie den Merkmalen des Rechtes zuwider d. h. ungesetzlich seien.[2]) In dieser letzten Deduktion liegt der Schwerpunkt seiner Entgegnung, und zugleich ein mit allen bisherigen Auffassungen kontrastierender, wesentlicher Gedankenfortschritt. Denn hier wird zum erstenmal die Beurteilung des Rechtes der Staatsgewalt, die Bestimmung ihrer rechtmäfsigen Aus-

---

[1]) „le droit de conquête n'étant point un droit n'en a pu fonder aucun autre." 116.

[2]) 121: „Il me paroît donc certain que non-seulement les gouvernements n'ont point commencé par le pouvoir extrême et qui n'en est que la corruption, le terme extrême, et qui les ramène enfin à la seule loix du plus fort, dont ils furent d'abord le remède; mais encore que quand même ils auroient ainsi commencé, ce pouvoir, étant par sa nature illégitime, n'a pu servir de fondement aux loix de la société, (ni par consequent à l'inégalité d'institution.)

übung losgelöst von der Frage ihrer Entstehung und genetischen Entwicklung. Freilich fehlt es noch vollkommen an einer bewufsten Anwendung dieses kritischen Gesichtspunktes, vielmehr beherrscht die Gedankenwelt des Diskurses, wie die bisherigen Andeutungen ergeben und noch näher zu zeigen ist, noch durchgängig die Rücksicht auf die Genese von Recht und Staat. Eine wirkliche Emanzipation von dieser Auffassung hat *Rousseau* erst in seinem reifsten rechtsphilosophischen Werk: dem sozialen Vertrag oder den Prinzipien des politischen Rechts (1762) versucht.

II.

Zur Einführung in die dem Contrat social zu Grunde liegende Problemstellung empfiehlt sich eine Berücksichtigung der Winke, die *Rousseau* über sein System in dem „Emile" (1762) und den „Briefen vom Berge" (1763) gegeben hat. Dort werden wir über die prinzipiellen Fragen, hier über die historischen Fundamente aufgeklärt. Aufserdem geben beide Werke eine lichtvolle Übersicht über den Inhalt des Contrat social.

Im Emile[1]) beklagt er, dafs man bislang noch nicht dazu gekommen sei, eine Wissenschaft vom „droit politique" auszubilden. *Grotius*, der Lehrer aller Gebildeten, sei ein Kind, und zwar ein völlig unglaubwürdiges, da seine Beweise lediglich auf Dichterworten ruhen, während *Hobbes*, den man ganz zu Unrecht gegen *Grotius* herabsetze, durch Sophismen beweise; im übrigen bestehe kein Unterschied zwischen beiden.[2]) Der einzige, der imstande gewesen wäre, diese Wissenschaft ins Leben zu rufen, sei *Montesquieu*. Dieser habe sich aber damit begnügt, das positive Recht des Staates in den Kreis seiner Betrachtungen zu ziehen, anstatt die Prinzipien des politischen Rechts zu behandeln. Beide Studien seien aber grundlegend von einander verschieden.

Wer ein gesundes Urteil über die bestehenden Staaten fällen will, darf sich nicht nach der Art des *Montesquieu* bescheiden, Beobachtungen zu sammeln. Bevor man Beobachtungen anstellt, mufs man sich Regeln für seine Beobachtungen anschaffen. Man mufs sich auf einen Mafsstab (échelle) besinnen, auf den die vorgenommenen Messungen zurückgeführt werden können. „Um das, was ist, richtig zu beurteilen, mufs man wissen, was sein soll."[3]) Diese Aufgabe glaubt *Rousseau* in seinem Contrat social erfüllt zu haben: „Unsre Grundsätze des

---

[1]) *Em.* Werke Bd. II: Livr. 5, S. 429 ff.

[2]) Es bedarf keiner Betonung, dafs dieses Urteil gerade im Munde *Rousseaus* ungerecht ist.

[3]) *Em.* II, S. 430: „il faut savoir ce qui doit être pour bien juger de ce qui est."

politischen Rechts sind dieser Mafsstab. Die Objekte unsrer Messung sind die politischen Gesetze jedes Landes."

Aus diesen Bemerkungen erwächst dem gewissenhaften Darsteller *Rousseau*'scher Lehren eine doppelte Verpflichtung: er hat, wie *Rousseau* in anderem Zusammenhang sagt, „die Thatsachen von dem Recht zu trennen"[1]) — d. h. er hat das historische Material, den thatsächlichen Unterbau des Systems zu erforschen und zweitens gesondert hiervon den Mafsstab klarzulegen, der die Beurteilung der Fülle rechtlicher Fakta ermöglichen soll. Eine Handhabe zur Lösung der erstgenannten Aufgabe bieten die Briefe vom Berge — eine Entgegnung auf das Pamphlet des Genfer Generalprokurators *Tronchin* „Lettres de la campagne".

Nirgends hat *Rousseau* leidenschaftlicher und zugleich klarer die gegen ihn geschleuderten Vorwürfe atheistischer und revolutionärer Gesinnung zurückgeschlagen, nirgends zugleich eine bündigere Auskunft über die historischen Grundlagen seines rechtsphilosophischen Systems gegeben. Ob seine Lehre das Prädikat „revolutionär" verdient, werden wir bei der Darstellung seines Systems entscheiden, hier interessiert namentlich der zweite Punkt.

In dem sechsten Briefe beendigt *Rousseau* die Inhaltsübersicht seines Contrat social mit den Worten: „Was dachten Sie, mein Herr, als Sie diese kurze, aber treue Analyse meines Buches lasen? Ich errate es. Sie sagten zu sich: „Das ist ja die Geschichte der Staatsverfassung von Genf."[2])

Rousseau führt nun aus, dafs er in der That das Bild seines Contrat social Zug für Zug den Genfer Verhältnissen entnommen habe. Erscheint es demnach unzulässig, sein System als phantastische Schwärmerei zu behandeln, so giebt er andrerseits zu, dafs seine Darstellung als Idealisierung aufzufassen sei, insofern sie nämlich lediglich den durch die gesetzlichen Grundlagen der Genfer Konstitution verbürgten, nicht aber den entarteten und servilen Zustand widerspiegele, der die gegenwärtige politische Stellung der Genfer charakterisiere.

Um diese Gegensätze zu verstehen, wird es sich empfehlen, zunächst einen Blick auf die Verfassung Genfs und ihr allmähliches Schicksal zu werfen.[3])

Die höchste Staatsgewalt ruhte in Genf bei dem allgemeinen Rat (conseil général). Diese souveräne Versammlung, der jeder

---

[1]) *Em.* 431.

[2]) Werke III, S. 204.

[3]) Vergl. zu dem folgenden: *Gottfried Koch*, die Verfassung von Genf und *Rousseaus* Contrat social in *Sybels* historischer Zeitschrift (55. Bd.) 1886 S. 193 ff. und *Albert Jansen*, zur Literatur über *Rousseaus* Politik in den Preufs. Jahrbüchern (Bd. 49) 1882, S. 392 ff.

eingeborene und naturalisierte Bürger (citoyens und bourgeois) angehörte, besafs drei Befugnisse: sie war die gesetzgebende Macht, konnte Krieg und Frieden bestimmen und hatte das Recht, die zur Regierung erforderlichen Beamten zu ernennen (pouvoir législatif — confédératif — électif.) Die aus der Wahl der Bürgerschaft hervorgegangenen Behörden: der Rat der Zweihundert und der sogenannte kleine Rat der fünfundzwanzig bildeten die Exekutivgewalt. Ihre Befugnisse bestanden also lediglich in der Ausführung der Gesetze: Umfang wie Inhalt ihrer Macht war verfassungsgemäfs von dem Willen des allgemeinen Rates abhängig. Und zwar wählte dieser ursprünglich alljährlich den kleinen Rat zur Ausführung der Gesetze, dieser konstituierte seinerseits zum Ausführungsorgan seiner Anordnungen den Rat der zweihundert, dessen Befugnisse nicht weiter gingen und nicht länger dauerten, als der Wille des „kleinen Rates" für gut befand. So war das Gleichgewicht zwischen der in Wahrheit souveränen Gewalt und den beiden durch sie direkt geschaffenen Regierungsbehörden hergestellt. Im Laufe der Zeit änderte sich jedoch dieses Subordinationsverhältnis. Die Fülle der Staatsgeschäfte forderte ein rascheres Tempo, d. h. für nebensächliche oder eilige Angelegenheiten die Unabhängigkeit der exekutiven Gewalt von der vielköpfigen und schwerfälligen Menge des allgemeinen Rates. Da mit dieser Forderung vor allem die Inkontinuität der (alljährlich neugewählten) Regierung unvereinbar war, so erschien es zweckmäfsig, dieses Hindernis zu beseitigen und die Versammlungen der 200 und 25 zum Range von ständigen Behörden zu erheben.

Mit der Einführung dieser harmlos scheinenden, in Wirklichkeit höchst verhängnisvollen Neuerung waren die Bedingungen geschaffen, die im weiteren Verlauf der Entwicklung die vollkommene Selbständigkeit der Regierung — namentlich des „kleinen Rates" — und ein dementsprechendes Decrescendo der Macht des allgemeinen Rates zur Folge hatten.

Zunächst drückte die Regierung das Recht der Bürgerschaft, die höchsten Beamten zu wählen, zu einer leeren Formalität herab, indem sie allein die ihr geeignet erscheinenden Personen vorschlug. Das war aber nur das Vorspiel. Denn auch das dem „Volk" hiernach übrig bleibende Recht, die vorgeschlagenen Kandidaten abzulehnen, hielt die Regierung für einen lästigen Hemmschuh für ihre Zwecke. Aufsichts- und Beschwerderecht des allgemeinen Rates waren erst dann gefahrlos, wenn seine Einberufung nicht mehr regelmäfsig erfolgen m u f s t e, sondern nur für besonders wichtige Staatsaffairen n a c h d e m W i l l e n d e r R e g i e r u n g angeordnet werden k o n n t e.

Es spricht für die Langmut des „souveränen Volkes", dafs es selbst diese Nichtachtung seiner Rechte zuliefs. Die Explosion erfolgte erst, als der kleine Rat im Jahre 1757 dem Volk eine umfangreiche Steuer auflegte, ohne die Genehmigung des allgemeinen Rates einzuholen. Nunmehr erwachte die Selbständigkeit der Bürger, — „überall in der Welt merkt das Volk erst dann, dafs man seine Freiheit antastet, wenn man auf seinen Beutel losgeht,“[1]) — sie leisteten der Regierung energischen Widerstand und verlangten eine völlige Rehabilitierung der ihnen verfassungsgemäfs zustehenden Rechte. Die Regierungspartei war aber keineswegs gewillt diesen Forderungen zu entsprechen. Sie glaubte im Recht zu sein (wenigstens geberdete sie sich so) und hatte vor allem über bedeutende Machtmittel zu verfügen, so dafs sie den Kampf mit der Bürgerschaft ruhig aufnehmen konnte.[2])

Dafs *Rousseau* den nunmehr entbrennenden „Genfer Wirren“ seine Aufmerksamkeit zuwandte, war bei seinem Interesse für politische Fragen und der innigen Liebe, die er seiner Heimatstadt zeitlebens entgegengebracht hat, selbstverständlich.

Es war ein für die Ruhe seines Lebens verhängnisvolles Zusammentreffen, dafs der Contrat social, in dem er seine Ansichten zum Ausdruck brachte, gerade zu einer Zeit erschien, in der die politischen Zwistigkeiten der Genfer am heftigsten tobten. Dazu kam ein weiteres. Hätte *Rousseau* in einer Flugschrift ausdrücklich die Rechte der Volkspartei vertreten, so wäre das ein für die Gegner immerhin gefährlicher Schlag gewesen, aber man hätte ihn, zumal die Regierungspartei über intelligente Köpfe verfügte, durch Gegenschriften widerlegen können. *Rousseau* wählte indes ein anderes Mittel. Als philosophisch vertiefter Geist sah er in den heimatlichen Vorgängen nicht einen zufälligen Verfassungskonflikt, sondern eine durchaus typische Erscheinung. Dementsprechend wurde sie ihm nicht der Anlafs zu einem Gelegenheitstraktätchen nach Art der Eintagsschreiber, vielmehr als bedeutsames Merkzeichen den Erfahrungen eingegliedert, deren er zum Ausbau seines Rechtsideals bedurfte. Ohne die Genfer Verfassung zu erwähnen, verwertete er sie als Musterbild staatlicher Einrichtungen überhaupt, ohne auf die Genfer Streitigkeiten zu verweisen, vertrat er durch die Theorie des Contrat social die Ansprüche der Bürgerschaft. Und zwar gelang ihm diese Loslösung seines Systems von den historischen Grundlagen so vorzüglich,[3]) dafs dieses noch bis auf den heutigen Tag von superklugen Beurteilern als ein phantastisches Luftschlofs belächelt wird, das jeder Wirklichkeit und Möglichkeit widerstreite.

[1]) Briefe vom Berge VII, Werke III, S. 213.

[2]) Das Detail dieser Streitigkeiten kann hier übergangen werden: siehe *Brockerhoff*, III, S. 294 ff.

[3]) „je ne sors pas de la thèse générale. Br. v. B. III, 206.

Seine Zeitgenossen und Landsleute dachten freilich anders. Sie kannten die historischen Zusammenhänge und übersahen daher wohl gelegentlich die rechtsphilosophische, niemals aber die aktuelle Bedeutung des Werkes für ihre Angelegenheiten. Insbesondere empfand die Regierungspartei den Contrat social als schwerste Schädigung ihrer Kampfesstellung. Denn *Rousseau* hatte die Forderungen der Volkspartei nicht ausdrücklich und durch Hinweis auf Verfassungsparagraphen begründet, sondern in streng logischer Konsequenz aus dem Begriff des Rechts deduziert. Das aber war ein Schlag, zu dessen Abwehr rechtsphilosophische Fähigkeiten erforderlich waren: mit sophistischen Interpretationen der Verfassung, mit blofser Rechtstechnik konnte man diesem Gegner nicht beikommen.

In solcher Notlage griff die Regierungspartei zu dem in politischen Kämpfen nicht ungewöhnlichen Mittel, sie entstellte die Wahrheit, indem sie den Contrat social als ein Werk bezeichnete, das darauf ausgehe, alle (!) Regierungen zu untergraben. Eine nähere Begründung dieser ungeheuerlichen Behauptung wurde wohlweislich unterlassen, so dafs *Rousseau* mit belustigtem Spott ausrufen konnte: das sei gerade so, als wenn man jemand verurteile, einen Menschen getötet zu haben, ohne zu sagen, wo, wann oder wen, also eines abstrakten Mordes wegen! [1])

Trotzdem hat er sich, wie wir sahen, verteidigt. Er bezeichnet es mit Recht als eine Ironie, dafs ihn gerade diejenige Regierung verfolge und destruktiver Tendenzen beschuldige, deren Züge jeder Kenner Genfer Verhältnisse in seinem Idealbild einer Staatsverfassung wiedererkenne. Dies Faktum allein zerstöre die Anklage, aber e r k l ä r e sie auch, wunderbarerweise. Hätte er „nur“ ein System aufgestellt, man hätte ihn sicherlich in Ruhe gelassen und sich begnügt, den Contrat social mit der Republik des Plato und den Sevaramben [2]) in das Reich der Chimären zu verbannen. Aber er habe einen „existierenden Gegenstand“ gezeichnet, und man wollte, dafs dieser ein anderes Aussehen annehme. [3])

Der Sinn dieser Bemerkung ist nach der vorangegangenen historischen Schilderung unschwer zu erraten. *Rousseaus* Verfassungsideal spiegelte die durch die Übergriffe und Willkürakte der Regierung nicht entstellte Genfer Verfassung wieder. Es leuchtet ein und ist bereits betont, dafs gerade diese Reproduktion des gereinigten Urbildes das Verfahren der Regierung aufs schärfste

---

[1]) Br. v. B. VI, Werke III, S. 200.

[2]) Die „Histoire des Sevarambes“ von *Vairasse* (1677) ist eine Utopie in Form eines geschichtlichen Romans.

[3]) a. O., S. 204, 205.

kritisierte. Daher die Verbitterung der Gegner, daher die Verbrennung des Contrat social als eines staatsgefährlichen Werkes.[1])

Wie zu erwarten war, entsprangen aus dieser kurzsichtigen und ungerechten Handlungsweise der Regierung neue Konflikte. Denn die Genfer sahen in dem gegen *Rousseau* angewendeten Verfahren einen neuen Grund, über Vergewaltigung ihrer Rechte zu klagen.

Auch *Rousseau* trat nunmehr aus der im Contrat social eingehaltenen Reservestellung heraus und appellierte in den Briefen vom Berge offen an das Rechtsgefühl der Bürgerschaft. Nicht bloſs indem er seine eigene Angelegenheit durch die dargestellte Analyse des verfehmten Buches führte. Sondern er nahm jetzt zugleich die Gelegenheit wahr, seine Landsleute aufzurütteln und ihnen mit möglichster Schärfe vor Augen zu halten, wie weit bereits die Tyrannenherrschaft der Regierung gediehen sei. „Nichts ist freier, als euer gesetzlicher, nichts geknechteter als euer thatsächlicher Zustand!

Eure Gesetze erhalten allein durch euch ihre Autorität, ihr erkennt nur diejenigen an, die ihr selbst macht, ihr bezahlt nur die Abgaben, die ihr selbst auflegt, ihr wählt die Magistrate, die euch regieren und nur berechtigt sind, euch in den vorgeschriebenen Formen zu richten. Im allgemeinen Rat seid ihr Gesetzgeber, Souverän und unabhängig von jeder menschlichen Gewalt. Ihr bestätigt die Verträge und beschlieſst über Krieg und Frieden. eure Magistrate behandeln euch als hochwürdige, sehr geehrte und souveräne Herren. Das ist eure Freiheit!

Hier eure Knechtschaft. Die mit der Ausführung der Gesetze betraute Behörde ist zugleich Interpret und oberster Schiedsrichter der Gesetze: sie läſst sie sprechen oder schweigen nach ihrem Belieben, sie kann sie sogar offenkundig verletzen, ohne daſs ihr in der Lage seid, sie zur Ordnung anzuhalten, denn sie steht über dem Gesetz. — Die Beamten, die ihr wählt, haben unabhängig von eurer Wahl Befugnisse, die sie euch nicht verdanken und die sie auf Kosten der von euch verliehenen erweitern. In eurer Wahl auf eine kleine Anzahl von Personen angewiesen, die alle die gleichen Prinzipien haben und von den gleichen Interessen beseelt sind, trefft ihr mit groſsem Pomp eine Wahl, die in Wahrheit höchst geringe Bedeutung hat. — Hat man nicht das Recht, euch neue Steuern aufzulegen, so habt ihr andrerseits nicht die Befugnis, die alten Steuern zu verweigern. Die Finanzen des Staates sind

---

[1]) Das gleiche Geschick widerfuhr dem *Emile* wegen des angeblich irreligiösen „Glaubensbekenntnisses eines savoyischen Vikars". Beides geschah übrigens auf Anordnung des kleinen Rates ohne Mitwirkung des allgemeinen Rates. Siehe *Brockerhoff*, III, 103 ff.

aber bereits derartig gesteigert, dafs sie ohne eure Mitwirkung für alles ausreichen. — Im allgemeinen Rat ist also eure souveräne Gewalt in Fesseln: ihr könnt nur handeln, wenn es euren Magistraten pafst, nur reden, wenn sie Euch fragen. Wenn sie den allgemeinen Rat nicht versammeln wollen, so ist eure Autorität, eure Existenz vernichtet, ohne dafs ihr die Macht habt, anderen Widerstand zu leisten, als fruchtloses Murren, das jene verachten können. Endlich: wenn ihr in euren Versammlungen auch souveräne Herren seid, — verlafst ihr sie, so seid ihr nichts mehr. Vier Stunden jährlich abhängiger (subordonnés) Souverän, seid ihr für die übrige Lebenszeit Unterthan und der Willkür anderer preisgegeben." [1])

Dafs *Rousseau* hier mehr als sozialer Reformator, denn als verletzter Bürger sprach, zeigen die Konsequenzen, die er an diese Entartung einer Staatsform knüpft, ebenso wie die Erkenntnis, dafs es sich hier um einen notwendigen Entwicklungsprozefs gehandelt hat. „Es ist euch — fährt er fort — so gegangen, wie es allen Regierungen, die der eurigen gleichen, zu gehen pflegt. Im Anfang sind die legislative und exekutive Gewalt von einander nicht geschieden. Bald aber zwingt die Unbequemlichkeit des Zusammenwirkens aller bei jeder Angelegenheit das souveräne Volk, Einzelpersonen mit der Ausführung seines Willens zu beauftragen. Diese Beamten vollführen ihren Auftrag, legen Rechenschaft ab und treten wieder zurück in die allgemeine Gleichheit. Nach und nach werden diese Aufträge häufiger, schliefslich dauernd. Unvermerkt bildet sich eine Körperschaft, die stets handelt. Diese kann aber nicht über jede ihrer Handlungen Rechenschaft ablegen, sie legt sie deshalb nur von den hauptsächlichsten ab und kommt allmählich dahin, sie gar nicht mehr abzulegen. Je stärker die Macht, welche handelt, (die exekutive) um so entnervter ist die Macht, welche will — die souveräne. Der Wille von gestern gilt auch als der heutige, während die gestrige Handlung nicht die heutige entbehrlich macht. Schliefslich bringt die wollende Macht ihre Unthätigkeit in vollkommene Abhängigkeit von der exekutiven Macht, und diese wird allmählich in ihren Handlungen, schliefslich auch in ihren Willensäufserungen unabhängig: anstatt für die wollende Macht zu handeln, verfügt sie über diese. Es bleibt also im Staate schliefslich nur eine thätige Macht übrig, die exekutive. Das aber ist die Gewalt, und der Staat ist vernichtet, wo die Gewalt regiert. Das ist die Art, wie schliefslich alle demokratischen Staaten zu Grunde gehen." [2])

---

[1]) Br. v. Berge 207, 208.
[2]) Br. v. B. 208, 209.

Die Nutzanwendung dieser politischen Erfahrungen liegt für *Rousseau* darin, dafs nicht die Art der Regierung über die Freiheit eines Volkes entscheidet, sondern die Stellung, die das Gesetz in einem Staatswesen einnimmt. Das Schicksal der Freiheit ist mit dem der Gesetze unlöslich verknüpft. Ein Volk ist unter jeder Regierungsform frei, solange es den Gesetzen gehorcht und nur diesen. Mit dem Augenblick aber, in welchem diese Macht im Staate ihre Allherrschaft verliert und das Volk dem Willen eines Menschen — sei es eines einzigen, sei es einer Behörde — zu „dienen" gezwungen wird, sobald der Regierende also nicht mehr Organ des Gesetzes, sondern Mensch ist, hat das Volk seine Freiheit unwiederbringlich verloren.[1]) Das ist die Quintessenz dieses „soviel verschrieenen Buches": Das Gesetz soll über die Menschen gesetzt werden; denn nur unter der Autorität der Gesetze können die Völker frei sein.[2])

Die nähere Ausführung dieser Gedanken sowie ihre rechtsphilosophische Deduktion wird die Darstellung des Contrat social bringen. Schon hier aber sei darauf hingewiesen, wie verkehrt es ist, *Rousseau* (in üblicher Weise) als den Typus eines rabiaten Demokraten hinzustellen. Nichts hätte näher gelegen und wäre verzeihlicher gewesen, als der Vorschlag, die Willkür der Regierungspartei durch eine Übertragung der Regierungsgeschäfte an die Volksgesamtheit abzulösen. Statt dessen hat *Rousseau* die heimatlichen Erfahrungen nach seiner besonderen Erklärung zu einem System verarbeitet, das auf den beiden Grundsätzen beruht,

1. die Regierung soll der kleinen Zahl zustehen,
2. die Gesamtheit des Volkes aber soll als souveräne Macht die Aufsicht über die Regierung führen.[3])

III.

Soviel, um dem Contrat social seinen historischen Ort anzuweisen. Neben diesem Hauptwerk und dem Diskurs ist für das Verständnis der *Rousseau*'schen Rechtsphilosophie namentlich der Aufsatz über die politische Ökonomie (Economie politique) von Bedeutung. Diese Schrift, erschienen in der grofsen von *Diderot* und *d'Alembert* herausgegebenen Encyklopädie 1755, ist

---

[1]) Br. v. B. 228.

[2]) Br. v. B. 205.

[3]) Br. v. B. 9, Werke III, 263. Ebenso bezeichnet *Rousseau* in einem Brief an *Marcet* ohne Datum, mit dem Motto: „Vitam impendere vero" als die Prinzipien seines Contr. soc.: le premier que légitimement la souveraineté appartient toujours au peuple, le second que le gouvernement aristocratique est le meilleur de tous. Werke 10, S. 355.

ein abgerundetes Kunstwerk, das durch den blendenden, aber unreifen Diskurs zu Unrecht in den Schatten gestellt ist.[1]) An Stelle der schwarzgalligen Laune, die dort in der gesellschaftlichen Entwicklung einen beständig sich verschärfenden Gegensatz zu dem natürlichen Empfinden der Menschheit erblickte, herrscht hier ein hochgehender ethischer Schwung und eine Verherrlichung des Staatsgedankens, die in ihrer Vertiefung, wie ihren Übertreibungen an platonische Ideen anknüpft. Ein Ausfluſs dieser Stimmung ist das enge Bündnis, das hier zwischen Politik und Ethik geschlossen wird. „Faitez regner la vertu!"[2]) — ist das Ziel, dem Sozialpolitiker wie Gesetzgeber in allen Teilen ihrer Aufgabe zustreben sollen. Seine Erreichung aber ist von der Vorbedingung abhängig, daſs die einzelnen Unterthanen von Jugend auf daran gewöhnt werden, ihre individuellen Interessen zum Wohle der Gesamtheit aufzuopfern und sich niemals in ihrer Bedeutung als Individuum, vielmehr lediglich „in ihren Beziehungen zum Staatsganzen" zu betrachten.[3]) Daher fordert *Rousseau* als ideales Prinzip — man erkennt sein antikes Vorbild — die staatliche Erziehung. Die Kinder sollen gemeinsam im Schoſse der rechtlichen Gleichheit erzogen und unterrichtet werden, in allen Dingen die Maximen des Staats und die Gesetze zu respektieren, sie sollen in Handlungen und Beispielen ständig die „zärtliche Mutter, die sie ernährt," und ihre Liebe zu ihnen merken: alles das, um sich eins zu fühlen mit dem Staatsganzen und dereinst aus Söhnen zu Verteidigern des Vaterlandes zu werden! Freilich sind das, wie *Rousseau* einsieht, für die gegenwärtigen Zustände rein ideale Grundsätze. Sobald die Welt in groſse Nationen geteilt ist, kann dies Mittel nicht mehr verwirklicht werden.[4]) Folglich müsse man andere Wege einschlagen, um jene einheitliche Geschlossenheit und jenen inneren Zusammenhang der Teile eines Staates[5]) zu erreichen, die das Merkzeichen einer gesunden Verfassung eines Staates sind. Auch hier bezwecken die Vorschläge des *Rousseau*, die Allherrschaft der Gesetze in einem Gemeinwesen zu begründen und alle Erscheinungen auszumerzen, in denen die Sonderwillkür der Menschen und die Gegensätzlichkeit ihrer egoistischen Interessen zum Durchbruch gelangt. Da diese Ausführungen den Brennpunkt seiner Rechtsphilosophie bilden, verdienen sie der Darstellung seines Systems einverleibt zu werden. Dort werden wir genauer auf sie zurückkommen.

---

[1]) *Bluntschli* erwähnt die Ec. pol. nicht einmal.
[2]) Ec. pol. III, 286.
[3]) ebd. 291.
[4]) ebd. 293, 93.
[5]) Diese Einheitlichkeit und Wechselwirkung kann durch das „gewöhnliche und in mehrfacher Beziehung unexakte Bild" des Organismus verdeutlicht werden: ebd. 280, 281.

IV.

Der Orientierung und Vervollständigung des Gesamtbildes der *Rousseau*'schen Rechtsphilosophie dienen ferner die Betrachtungen über die Regierung Polens (1772). Diese sind zunächst ein vortreffliches Zeugnis für den starken Gegensatz zwischen den *Rousseau* durch kritiklose Schüler imputierten radikalen Anschauungen und seiner wirklichen Meinung. Diejenigen, die von ihm einen leidenschaftlichen und revolutionären Rat erwartet hatten, sind durch die vorsichtigen und auf ganz anderem Gebiet, als erwartet, liegenden Reformideen aufs gründlichste enttäuscht worden. Es verlohnt aber, diese Schrift in ihren allgemeinsten Grundzügen zu beleuchten, weil sie Ideen entwickelt, die in Fichtes Reden an die deutsche Nation wiederklingen.

Nur der kann befreit werden — das ist der Ausgangspunkt dieser Betrachtungen — der die Freiheit vertragen kann; denn diese ist „un aliment de bon suc mais de forte digestion, il faut des estomacs bien sains pour le supporter.[1]) — Wollen die Polen aus ihrer elenden und geknechteten Lage befreit werden, so kann dies nicht durch eine Regierungsänderung oder überhaupt ein äufseres und rein politisches Reformwerk geschehen, sondern lediglich durch eine allgemeine und die Nation bis an die Wurzel ergreifende Erziehung. Wenn es den Polen gelingt, ihre nationalen Eigentümlichkeiten so stark und rein zur Entwicklung zu bringen, dafs niemals ein Pole Russe wird, dann wird Polen niemals unterjocht werden. Dann werden die Russen die Polen zwar verschlucken, niemals aber verdauen können.[2])

Diesen — wie die politische Erfahrung gelehrt hat — für ein annektiertes Volk höchst zweckmäfsigen Rat führt *Rousseau* des näheren aus, indem er den Polen als die in diesem Erziehungswerk hauptsächlich zu berücksichtigenden Aufgaben Einfachheit der Sitten und eine von früh auf genährte Vaterlandsliebe hinstellt. Das Kind solle die Augen nicht öffnen, ohne das Vaterland zu sehen, es solle bis zu seinem Tode nichts, als dieses sehen. Um dieses Mafs von Liebe zum Vaterland in den Menschen heranzubilden, bedarf es vor allem einer Erziehung, die sich von früh auf bemüht, patriotische Gesichtspunkte zu wecken und alles zu unterdrücken, was zu einer Verkümmerung des vaterländischen Sinnes veranlassen könnte.

Das gröfste Hindernis für die Ausbildung dieses Gefühls erblickt *Rousseau* in der üblichen Verschiedenheit der Erziehungsanstalten, je nach dem Range der Kinder oder vielmehr dem Geldbeutel der

---

[1]) Werke V, 254.
[2]) ebd. 244.

Eltern. Da alle nach der Staatsverfassung gleich sind, soll auch die Erziehung durchaus den gleichen Charakter tragen und daher — wenn schon das Ideal einer öffentlichen und unentgeltlichen Erziehung für unsere Zeit unerreichbar ist — doch wenigstens so billig sein, dafs sie auch der Arme zahlen kann.[1])

Überhaupt scheint ihm der grofse Gegensatz in wirtschaftlicher Hinsicht der Grund zu sein, weshalb die Vaterlandsliebe nicht zum herrschenden Gefühl unter den modernen Völkern erstarken kann. Nur wo keine Bettler und keine Millionäre existieren, wo weder Luxus noch Dürftigkeit herrschen, wird die Ordnung eines Gemeinwesens dauernd verbürgt. Denn nur unter solchen Verhältnissen kann es solidarische Volksinteressen geben, und damit annähernd jene — niemals zu verwirklichende und mit dem Problem der Quadratur des Zirkels vergleichbare — Aufgabe gelöst werden, dafs das Gesetz, „die Stimme Gottes auf Erden" über den Menschen steht.[2])

Die nähere Begründung dieser wiederholt von *Rousseau* betonten Gedanken mufs hier noch übergangen werden. Jedenfalls stellt *Rousseau* auch in diesen Betrachtungen das Ideal politischer Entwicklung auf, das die Grundlage seiner rechtsphilosophischen Ideen bildet. Hier wie im Contrat social scheinen ihm Gültigkeit und Kraft rechtlicher Normen nur möglich zu sein in einem kleinen, in wirtschaftlicher wie politischer Hinsicht möglichst homogen ausgestalteten Gemeinwesen, das seine Stärke nicht in prunkhaftem Glänzen nach aufsen sucht, sondern in einer Interessensolidarität, die weder durch ökonomische Zerklüftung noch hierarchische Gegensätze gelockert wird.

Die Folge dieser Auffassung ist, wie wir sehen werden, eine pessimistische Resignation und Hilflosigkeit: *Rousseau* ist sich des tiefen Widerspruchs zwischen dem von ihm konstituierten Rechtsideal und der hiermit unvereinbaren Wirklichkeit bewufst. Er sah, dafs die ihm vorschwebende Rechtsregelung für moderne Grofsstaaten ein Ideal bleiben mufste.

V.

Ich erwähne zum Schlufs *Rousseaus* Referat und Urteil über zwei Arbeiten des Abbé de St. Pierre, den „projet du paix perpétuelle" und die „Polysynodie".[3]) — Ohne rechtsphilosophischen Wert,

---

1) ebd. 249.
2) ebd. 241, 253.
3) Werke V, 310—353.

verdienen diese beiden Werke um deswillen Erwähnung, weil sie *Rousseau* Veranlassung geben, seine Besonnenheit in Fragen der praktischen Politik zu bewähren. Dies tritt zunächst in einem Gesamturteil über jenen etwas sonderbaren Schwärmer zu Tage. *Rousseau* nennt seine Projekte zwar nützlich. Leider seien sie aber niemals zu verwirklichen, weil seinen Ausführungen der falsche Gedanke zu Grunde liege, dafs die Menschen sich durch ihre Vernunft und nicht vielmehr durch ihre Leidenschaften lenken liefsen.[1])

Wertvoller als diese etwas billige Bemerkung ist ein Passus über den Reformvorschlag der Polysynodie. Es handelte sich hierbei um die Verbesserung einer von dem Herzog von Orléans nach dem Tode Ludwigs des vierzehnten eingeführten Neuerung, derzufolge die Regierungsgeschäfte nicht mehr, wie bisher, durch absolute Minister, sondern durch kollegialische Conseils unter Aufsicht eines höchsten Regentschaftsvaters geführt werden sollten. Der Abt von St. Pierre wollte diese Verwaltungsräte zu selbständigen Organen gegenüber der Gewalt der Fürsten machen. Man höre, wie der als radikal verschrieene *Rousseau* über dieses, wie uns dünkt, nicht gerade staatsgefährliche Projekt urteilt.

„Man bedenke die Gefahr, die die Erregung der gewaltigen Massen der französischen Monarchie zur Folge hätte! Wer könnte die dadurch verursachte Erschütterung zurückhalten und alle möglichen Wirkungen hiervon auch nur voraussehen? Wenn die Vorteile des neuen Planes unbestreitbar wären, welcher vernünftige Mensch würde wagen, die alten Gebräuche abzuschaffen, die alten Grundsätze zu ändern und dem Staat eine Gestalt zu geben, die von der im Laufe von 1300 Jahren entstandenen abweicht? Mag die gegenwärtige Regierung noch die gleiche sein, wie die ehemalige, mag sie im Laufe der Jahrhunderte unmerkbar sich verändert haben — es wäre in gleicher Weise unklug, sie anzutasten!“[2]) Mit Recht betont Brockerhoff,[3]) dafs der Apostel der Freiheit und Gleichheit hier eine Sprache führe, die einem eingefleischten Reaktionär alle Ehre machen würde.

VI.

Haben die bisherigen Ausführungen einen vorläufigen Überblick über die rechtsphilosophische Gedankenwelt *Rousseaus* gegeben, so soll nunmehr die systematische Darstellung seiner Lehren erfolgen. Soweit eine solche möglich ist. Denn es wird im Ver-

---

[1]) Vergl. auch Conf. II, Livr. 9 Werke VIII, 302 und Brief an *Mirabeau* vom 26. Juli 1767 — Werke XII. S. 24.

[2]) Werke V, 348, 49.

[3]) II, 27.

lauf der Arbeit mehr und mehr zur Klarheit kommen, dafs *Rousseau* keineswegs ein konsequentes und in sich geschlossenes System der Nachwelt hinterlassen hat. Und so stark auch der Antrieb dazu sein mag, der alte Fehler der Biographen, in majorem gloriam ihrer Helden Halbheiten und Widersprüche bei der Darstellung ihrer Lehren einfach zu unterdrücken, soll hier nicht begangen werden. Die Bedeutung der Rechtsphilosophie des *Rousseau* liegt gerade darin, dafs bedeutsame Gedanken der verschiedensten Richtungen ineinander gewoben sind, ihr Wert liegt nicht in der Einheit des Systems, sondern in dem Reichtum an Ideen. Will man diese Ideen nach einem einheitlichen Gesichtspunkt gruppieren, so kann man die Rechtsphilosophie des *Rousseau* bezeichnen als eine Untersuchung über die Quellen, die Gültigkeit und die Grenzen des Rechts. Diese Anordnung soll für die folgenden Teile der Arbeit mafsgebend sein.

Zweites Kapitel:

Die Quellen des Rechts.

Die Reflexion auf die Quellen des Rechts wird eine doppelte Aufgabe zu erfüllen haben. Sie hat einmal die Entstehung und Entwicklung rechtlichen Lebens zur Darstellung zu bringen, und zweitens die Gründe aufzudecken, die dem Komplex rechtlicher Verordnungen Wirksamkeit verbürgen. Beide Untersuchungen charakterisieren sich dadurch, dafs sie von einer mehr oder minder bestimmten, zumeist freilich ungeprüft übernommenen Voraussetzung über das Wesen des Rechts ausgehen: denn nur derjenige kann über Entstehung und Wirksamkeit einer bestimmten Erscheinung Auskunft geben, der eine — sei's auch gänzlich verschwommene — Vorstellung von ihren Merkmalen besitzt. Das ist unvermeidlich und um deswillen kein Beweisgrund gegen den Wert historischer Untersuchungen, weil ja die Unmöglichkeit eines an Voraussetzungen nicht geknüpften Denkens für alle Wissensgebiete ausnahmslos gilt.

I.

Der Mafsstab, von dem *Rousseau* in seinem „Discours" ausgeht, gewinnt seine besondere Prägung durch den Zweck, der ihn veranlafste, die Anfänge des Rechts zu erforschen. Dieses kam für ihn nicht als selbständiger Gegenstand wissenschaftlichen Interesses in Betracht, sondern nur als ein Glied in der Gesamtheit gesellschaftlicher Beziehungen.

Hatten seine Vorgänger im wesentlichen die Zwangsbefehle der Staatsgewalt zu erklären und zu rechtfertigen versucht, so stand für ihn allgemein der Inbegriff gesellschaftlicher Beziehungen und die in ihnen zum Ausdruck kommende Ungleichheit der Menschen in Frage. In der Klarlegung ihrer kausalen Faktoren und der Gründe, die zu ihrer Rechtfertigung angeführt werden können, sah er mit Fug eine Aufgabe von sozialphilosophischer Bedeutung, eine Aufgabe also, die uns über den Wert und Zielpunkt des gesellschaftlichen Lebens überhaupt Aufschlüsse zu geben vermag.

Die Gewalt der Mächtigen und die Knechtung der Schwachen: das ist zunächst für *Rousseau* das Bild der menschlichen Gesellschaft. Und da nichts weniger Bestand hat, als diese äufseren Beziehungen, die der Zufall, nicht die Vernunft erzeugt hat, so scheinen die menschlichen Einrichtungen auf Haufen von Flugsand gebaut zu sein. Entfernt man aber den Staub und Sand, die das Gebäude umgeben, so erkennt man seine unerschütterliche Grundlage.[1])

Um sie zu finden, hat man zunächst zu scheiden zwischen der natürlichen oder physischen Ungleichheit, die durch die Natur eingerichtet ist und in den Unterschieden an Alter, Gesundheit, Körperkraft und geistigen Qualitäten besteht und einer Ungleichheit, die man als moralische oder politische bezeichnen kann, „weil sie von einer Art von Konvention abhängt und eingerichtet oder zum mindesten autorisiert ist durch die Einwilligung der Menschen."[2])

Damit ist die Wertung sozialer Verhältnisse — also auch des Rechts — nach zwei Richtungen festgelegt, indem einmal die Durchforschung sozialer Phänomene auf ihren Charakter als Naturprodukte geboten erscheint, und andrerseits zur Erklärung der hierunter nicht subsumierbaren — blofs konventionellen — Erscheinungen der freie Konsens als Entstehungs- oder Rechtfertigungsgrund (beides tritt in dem Diskurs noch in naiver Vermischung auf) heranzuziehen ist.

Dementsprechend untersucht *Rousseau* zuvörderst diejenigen Beziehungen und Abhängigkeitsverhältnisse, die von Natur unter Menschen bestehen. Auch er ist hierbei von dem traditionellen Vorurteil erfüllt, dafs den gegenwärtigen Zustand nur begreifen kann, wer richtige Vorstellungen von dem „état naturel" der Menschen hat d. h. zurückgeht auf die ursprüngliche Konstitution der Menschen und alles ausscheidet, was sich lediglich als Mache der Gesellschaft erweist. Das Studium dieses ursprünglichen Menschen und die Darstellung seiner Entwicklung (développements successifs)

---

[1]) Disc. 84.
[2]) Disc. 82.

ist erforderlich, um über den Ursprung der politischen Ungleichheit und die Grundlagen von Staat und Gesellschaft ins Klare zu kommen. „Da wir aber historische Erfahrungen über die Eigentümlichkeiten dieses Urzustandes der Menschheit nicht besitzen, ja nicht einmal seine wirkliche Existenz irgendwann zweifelsfrei feststellen können, die religiöse Überzeugung vielmehr zu der Annahme zwingt, dafs der Naturzustand niemals existiert, sondern Gott die Menschen unmittelbar nach ihrer Schöpfung aus demselben gezogen habe," — so kann der Rekurs auf diesen Naturzustand nicht historischen, vielmehr nur den Wert einer Fiktion beanspruchen, die uns zeigt, was aus uns geworden wäre, und welchen Gang die Ereignisse genommen hätten, wenn wir auf uns allein angewiesen wären.[1])

So bedeutsam diese Erkenntnis *Rousseaus* gegenüber dem unklaren Schwanken seiner Vorgänger ist, so sei doch schon hier auf den verhängnisvollen Zirkel hingewiesen, der in dieser Auffassung vom Naturzustand enthalten ist. Erscheint die Kenntnis des Naturzustandes als Vorbedingung einer Einsicht in gesellschaftliches Leben, und wird andrerseits die Unmöglichkeit einer historischen Rekonstruktion dieses Zustandes zugegeben, so giebt es überhaupt kein Mittel, dieses Jenseits des gesellschaftlichen Lebens vorstellig zu machen.

Der Glaube, durch eine Abstraktion von den wesentlichen Merkmalen des sozialen Zusammenseins eine Vorstellung von dem Naturzustand zu gewinnen, ist so widerspruchsvoll, wie naiv. Denn es ist klar, dafs man nur von dem abstrahieren kann, dessen Eigentümlichkeiten man kennt und nicht erst — wie im vorliegenden Fall — ergründen will. Wenn *Rousseau* bei *Hobbes* und *Locke* eine reinliche Scheidung zwischen Naturzustand und gesellschaftlichem Leben vermifst und ihnen zum Vorwurf macht, dafs sie bei Darstellung des ersteren beständig Züge aus der ihnen bekannten Gesellschaft hineinflechten,[2]) so verkennt er, dafs dies das Schicksal einer jeden derartigen Konstruktion sein mufs. Der Glaube, das zum Problem erhobene gesellschaftliche Leben durch Abstrahieren von seinen Eigentümlichkeiten erhellen zu können, ist eben ein logischer Nonsens.

Gemindert, nicht aufgehoben wird dieser Widerspruch bei *Rousseau* dadurch, dafs bei ihm unmerklich an die Stelle des als Fiktion erkannten „homme naturel" der „homme sauvage" tritt,[3])

---

[1]) D. 82, 83.

[2]) D. 148.

[3]) Hieraus erklärt sich die detaillierte Schilderung des Naturmenschen, sowie die Bemerkung, dafs die Karaiben dasjenige von allen gegenwärtigen Völkern sei, das sich am wenigsten von dem Naturzustande entfernt habe. — 102.

dafs er also bei der Besinnung auf den Wert und die Entstehung der gegenwärtigen Gesellschaftsform zurückgreift auf primitivere Kulturstufen. Denn bei der Charakterisierung dieses primitiven Menschen war er nicht, wie bei der Wiedergabe des „état naturel“ auf blofses Spintisieren angewiesen, sondern konnte sich auf historische Dokumente berufen.

Nun ist freilich dieser Urmensch *Rousseaus*, wie bekannt, ein Gegenstand vielfältigen Spottes geworden. Man hat ausgeführt, dafs jener „Biedermann der Urzeit“ lediglich in der Phantasie seines Urhebers existiert habe, dafs brutale Kraft und Rücksichtslosigkeit einen um so gröfseren Platz einnehmen, je weiter wir von der Kultur zurück zu den Anfängen des gesellschaftlichen Lebens gehen. Das ist freilich nicht zu bestreiten.[1]) Allein jene Vorwürfe übersehen, dafs es in jener Zeit noch keine Ethnologie als Wissenschaft, sondern nur einige wenige und, wie üblich, übertriebene und unzuverlässige Reisebeschreibungen gab. Dazu kommt ein weiteres Moment: der Einflufs der damaligen heillos kranken Zustände, die gerade in den besseren Geistern jene Sehnsucht nach Einfachheit und Natürlichkeit wachrufen mufsten, wie sie *Rousseau* eigentümlich war. Aus einer solchen müden Dekadenz-Stimmung heraus ist eine idealisierte und bisweilen sentimental anmutende Schilderung primitiver Völker erklärlich genug.[2])

Hierüber nach Art *Voltaires* zu witzeln, ist zwar bequem, aber nicht gerade ein Zeichen eines besonderen kulturhistorischen Verständnisses.

Wichtiger als der Hinweis auf diese kurzsichtige Art der Kritik ist die Betonung des zwiespältigen Charakters, in dem der Diskurs infolge des Ineinanderspielens der angegebenen beiden Gedankenrichtungen gehalten ist. Auf der einen Seite nämlich soll die Darstellung des fingierten Naturzustandes und der aus seiner Annahme sich ergebenden Folgeerscheinungen eine Rechtfertigung der Gesellschaftsordnung sein, indem sie die Unruhen und Konflikte aufdeckt, zu denen das isolierte Leben der Menschen führt. Dieser Nachweis mufs nach den vorausgegangenen Ausführungen als der eigentliche Zweck seiner Untersuchung angesehen werden. Andrerseits treibt aber die Vertiefung in die historisch-wirkliche Vergangenheit und die ersehnte Lebensharmonie des „homme sauvage“ nicht nur zu einem berechtigten Ekel vor der Unnatur der damaligen Gesellschaftsordnung, sondern zugleich zu der allgemeinen ge-

---

[1]) Vergl. übrigens unten S. 86.

[2]) Sehr treffend ist *Morleys* Bemerkung: „R. wrote about the savage state in something the same spirit, in which Tacitus wrote the Germania — *Rousseau* I, 184.

schichtsphilosophischen Erkenntnis, die die Entwicklung der menschlichen Gattung als einen beständig sich verschärfenden Gegensatz zwischen „Natur" und „Kultur" auffafst. „Man bewundere die Gesellschaft, soviel als man will, es bleibt deshalb nicht minder wahr, dafs sie notwendig die Menschen dahinführt, sich gegenseitig zu hassen, je mehr sich ihre Interessen kreuzen, sich gegenseitig scheinbare Dienste zu leisten und in Wirklichkeit alle erdenklichen Übel zuzufügen!" [1])

Diesen resignierten Pessimismus als „Veto gegen alle Entwicklung" [2]) zu deuten, ist eine Einseitigkeit, die zwar nahe liegt, aber übersieht, dafs der „herbe Ton und das schwarze Kolorit" [3]) der diesbezüglichen Ausführungen *Rousseaus* nicht als Verdikt über alle Kultur, sondern nur als Unterlage für eine Kritik der entarteten Zeitlage aufzufassen ist, dafs also ihr Wert nicht in der Konstatierung der Hilflosigkeit des Kulturmenschen, sondern in der Aufrüttelung zur Reformarbeit besteht.

Um zu einer gerechten Würdigung des Diskurses zu gelangen, mufs man diese Doppelnatur beständig vor Augen haben und bei jeder abfälligen Beurteilung eines sozialen Phänomens durch *Rousseau* sorgsam untersuchen, ob sie allgemeingültig zu verstehen ist oder lediglich die konkrete Mifsentwicklung betrifft.

II.

Betrachten wir nach diesen Vorbemerkungen das Bild des Urahnen des Menschengeschlechts, so dürfen wir hierbei, da es sich um ein hypothetisches Raisonnement handelt, nicht nach der Art des Aristoteles verfahren und untersuchen, ob der Mensch jemals Krallen anstatt der Nägel hatte oder ursprünglich ein Vierfüfser war, müssen vielmehr von den heute lebenden Vertretern der menschlichen Rasse ausgehen und sie aller Fähigkeiten berauben, die sie durch Offenbarungsthatsachen oder gesellschaftliche Einwirkungen erlangt haben. [4]) Das Ergebnis einer derartigen Abstraktion ist der Naturmensch. *Rousseau* stellt sich unter ihm physisch ein Wesen vor, das durch die robuste Frische und Gesundheit seiner Körperorgane und seine Widerstandsfähigkeit dem verweichlichten Kulturmenschen überlegen ist, und in moralischer

---

[1]) D. 133.

[2]) *Feuerlein,* Neue Rousseau-Studien in der Zeitschrift „Der Gedanke" Bd. II, S. 178.

[3]) Mit diesen Worten charakterisiert *Rousseau* in den „Bekenntnissen" II Buch 8 — Werke Bd. VIII, S. 277 Anm. seinen Diskurs.

[4]) D. 84, 85.

Beziehung lediglich die Fähigkeit der Vervollkommnung besitzt, im übrigen aber ein unbeschriebenes Blatt ist.[1])

Da der Naturzustand das gerade Gegenbild der bürgerlichen Gesellschaft, nämlich die Betrachtungsweise der Menschen lediglich in ihrer Eigenschaft als Naturwesen ist, so kann in diesem Stadium der Dinge von keinerlei Menschensatzung und Zwangsregelung die Rede sein: es fehlt der Begriff vom Mein und Dein, ebenso wie die Idee der Gerechtigkeit.[2]) Aus dieser Thatsache, dafs die Menschen im Naturzustande ohne moralische und rechtliche Bande leben, darf man indes nicht die Folgerungen des *Hobbes* ziehen: wenn der Naturmensch die Tugend nicht kennt, so folgt daraus nicht, dafs er lasterhaft ist, wenn er den anderen gegenüber zu Diensten nicht verpflichtet ist, so folgt daraus nicht, dafs er sie ihnen stets verweigert, wenn er auch nicht sich bewufst ein Recht an den Dingen beilegt, deren er bedarf, so folgt nicht, dafs er sich deswegen thörichterweise für den alleinigen Eigentümer des Universums hält.[3]) So richtig diese Antithesen sind, so ist andererseits nicht zu verkennen, dafs *Rousseaus* eigne Lehre dem entgegengesetzten und ebenso unberechtigten Extrem verfällt, indem sie sich nicht mit der Konstatierung des blofsen Fehlens von Rechtsinstitutionen und ethischen Bestimmungen begnügt, vielmehr auch für den Naturzustand die Existenz geordneter Beziehungen postuliert. Der Sache nach steht also *Rousseau* auf dem Standpunkt *Lockes*, er unterscheidet sich von ihm nur durch die Begriffsbestimmung des Naturrechts. Denn dieses fafst er nicht, wie *Locke*, als staatliche Rechtsordnung in verkleinertem und vereinfachtem Mafsstab, sondern stellt es in prinzipiellen Gegensatz zu allen positiven Gesetzen. Seine Grundsätze sollen unmittelbar aus der menschlichen Natur zu deduzieren sein und lediglich durch die „Stimme der Natur", nicht äufseren Zwang normative Geltung erlangen. Unter Natur versteht *Rousseau* aber den Inbegriff der dem Menschen allgemein innewohnenden Attribute „antérieurs à la raison": das sind der Selbsterhaltungstrieb und das Mitleid. Aus dem Zusammenwirken dieser beiden Naturtriebe glaubt er alle Regeln des Naturrechts, aus dem Mitleid in Sonderheit alle „sozialen Tugenden" entwickeln zu können.[4]) Das Naturrecht, wie *Grotius*, auf ein besonderes Prinzip der Soziabilität zu stützen, hält er für überflüssig und zudem mit den Thatsachen unvereinbar. Denn die Betrachtung der Anfänge des Menschengeschlechts — und die der Sprache im speziellen — zeige, dafs die Natur nur wenig dazu

---

[1]) D. 90.
[2]) D. 100.
[3]) D. 97, 98,
[4]) D. 81, 98, 99.

gethan habe, die Menschen durch gegenseitige Bedürfnisse zu nähern und ihre Soziabilität vorzubereiten. Sie lehre uns, dafs nur wenig von den Gaben der Natur in dem liege, was die Menschen zur Knüpfung sozialer Bande unternommen haben. *Rousseau* vertritt also in der Auffassung der Menschennatur einen zwischen *Hobbes* und *Locke* vermittelnden Standpunkt: er leugnet mit dem ersteren die angeborene Fähigkeit der Menschen zur Geselligkeit und entnimmt der Lehre des letzteren die zur Annahme einer ursprünglichen Ordnung notwendigen positiven Elemente.

Sind mit dieser Erkenntnis die rein natürlichen Eigenschaften des Menschen herausdestilliert, so entsteht die zweite Frage: was denn die Menschen veranlassen konnte, das ihrer Natur adäquate isolierte Leben aufzugeben und gesellschaftlichen und staatlichen Banden unterthan zu werden. Diese Genealogie der Gesellschaftsordnung ist, wie wiederholt bemerkt, rein hypothetisch zu verstehen. Um so wunderbarer ist — wenn wir von der den Thatsachen widersprechenden sentimentalen Beleuchtung des „homme sauvage" absehen — ihre Übereinstimmung mit einer ganzen Reihe moderner Forschungsergebnisse der Ethnologie, die hier in geradezu genialer Weise antezipiert werden.

III.

Die Hilfe des Verkehrs und der Stachel der Notwendigkeit sind die Triebkräfte der gesellschaftlichen Entwicklung.[1]) Die Natur legt dem Menschen Hindernisse und Schwierigkeiten zur Überwältigung in den Weg und zwingt ihn dadurch, sein instinktives Hinvegetieren — die wesentlichste Eigentümlichkeit des *Rousseau*'schen Naturmenschen — aufzugeben und einen ernsthaften Kampf um seine Existenz zu beginnen. Dieser Entwicklungsprozefs ist in Kürze zu verfolgen. — Unter dem Eindruck der Not erwirbt der Naturmensch nicht blofs eine Reihe nützlicher Kenntnisse und Fertigkeiten, sondern wird auch durch gegenwärtige und sinnenfällige Bedürfnisse genötigt, die Hilfe anderer in Anspruch zu nehmen. So entsteht die Erkenntnis, dafs es gemeinsame Interessen giebt, und damit in dem „fast unwahrnehmbaren Fortschritt der Anfänge" die erste grobe Vorstellung gegenseitiger Pflichten und der Vorteile ihrer Erfüllung: grob, weil sie nur durch die gegenwärtige Not diktiert wird und auch mit dieser wieder verschwindet. Eine wirklich „revolutionäre" Veränderung vollzieht sich erst mit dem Aufgeben des nomadischen Lebens und der Begründung von Familien, in denen „eine Art von Eigentum" entsteht. „Alles bekommt nun

---

[1]) D. 91.

allmählich ein anderes Aussehen. Die Menschen, die bislang in Wäldern herumirrten, begründen feste Wohnsitze, treten langsam in nähere Beziehungen zu einander, vereinigen sich zu verschiedenen Gruppen und bilden schliesslich in jeder Gegend eine „Sondernation," die zwar nicht durch Verordnungen und Gesetze, wohl aber die gleichen Lebensgewohnheiten und Ernährungsweisen, sowie den gemeinsamen Einflufs des Klimas zu einer Einheit zusammen geschlossen wird."[1]) Der jetzt eintretende engere Verkehr vermehrt und vertieft die Beziehungen zwischen den Menschen, erzeugt aber zugleich Erscheinungen, die die gleichförmige Harmonie des ursprünglichen Lebens zu zerstören drohen. Denn die Menschen hängen ihr Herz nicht blofs an die Dinge der sie umgebenden Welt, sofern sie ihre Zwecke zu begünstigen scheinen, sie beginnen auch sich selbst zu schätzen. In dem Kampf um die Güter des Lebens ist der Kultur ein neues Förderungsmittel entstanden: das Gefühl der Persönlichkeit. Man wird sicher nicht gewillt sein, dem Verfasser des „Emile" Geringschätzung individuellen Empfindens vorzuwerfen. In diesem Zusammenhang wird er aber der wertvollsten Differenzierung in der Geschichte der Menschheit nicht genügend gerecht. Er giebt zwar zu, dafs aus ihr die ersten Pflichten der Zivilisation entstehen,[2]) führt aber diesen Gedanken nicht weiter. Vielmehr liegt bei ihm der Schwerpunkt in der Betonung dafs mit der Geburt eines Persönlichkeitsbewufstseins Angriffe auf Leib und Leben, Freiheit oder Besitztum nicht mehr als blofse Schädigung, sondern als persönlicher Schimpf (outrage) angesehen werden, und dafs die Folgeerscheinungen dieser veränderten Wertung in den grausamen, der ursprünglichen Friedensliebe der Menschen entgegengesetzten Rachekämpfen einer Reihe wilder Völkerschaften zu Tage treten.

IV.

Die eigentliche Schwelle der Zivilisation übertreten wir erst mit der Einführung von „Eisen und Korn". Durch das erstere sind die Menschen zur Industrie und zum Bergbau gelangt, dem letzteren verdanken sie Eigentum und Recht. Nur dieser Punkt interessiert hier, und zwar haben wir zunächst die Entstehungsgeschichte des Eigentums zu betrachten.

„Der erste, der ein Stück Land eingefriedigt hatte, sich erdreistete zu sagen: ‚das gehört mir' und Leute fand, simpel genug, dies zu glauben — war der wahre Gründer der bürgerlichen Ge-

[1]) D. 107—109.
[2]) D. 109.

sellschaft. Wieviel Verbrechen, Kriege, Mordthaten, wieviel Unglück und Schrecken wären dem menschlichen Geschlecht erspart worden, falls jemand die Grenzpfähle ausgerissen oder den Graben ausgefüllt und den seinigen zugerufen hätte: Hütet euch, auf diesen Betrüger zu hören! Ihr seid verloren, wenn ihr vergeſst, daſs die Früchte allen und die Erde niemandem gehört!"[1])

Diese bekannte Tirade hat nicht bloſs die begreifliche Rolle eines drastischen Mottos für sozialistische Ausführungen gespielt, sie ist auch der Ausgangspunkt für die traditionelle Meinung gewesen, die in *Rousseau* einen prinzipiellen Gegner des Privateigentums und daher den „Nährvater des kommenden Sozialismus"[2]) sieht. Wie wenig diese Ansicht den inneren Kern der Lehren *Rousseaus* trifft, wird der weitere Verlauf unserer Darstellung zeigen. Schon hier aber kann ohne Rücksicht auf die endgültige Ausgestaltung der Nachweis erbracht werden, daſs der erwähnten Stelle keineswegs die beigemessene Bedeutung gebührt. Die prüfende Analyse ihres Inhalts ergiebt drei Bestandteile:

Erstens: Die Annahme, daſs vor der Einführung des Privateigentums die Menschen keinerlei Sonderrechte an den Dingen hatten. Das ist zunächst ein rein analytischer Satz, der zum eisernen Bestande des Naturrechts von *Grotius* bis *Locke* und *Montesquieu* gehörte, und nur bei einzelnen, z. B. *Grotius* zu der positiven Fassung erweitert wurde, daſs die Menschen in diesem Stadium der Entwicklung in kommunistischen Verhältnissen gelebt haben. Ob dies auch die Meinung *Rousseaus* war, oder ob er unter dieser „Gütergemeinschaft" lediglich negativ[3]) die Thatsache verstand, daſs die Güter ursprünglich als herrenlose der Nutzung aller je nach Bedürfnis und Fähigkeiten zugänglich waren, ist aus der Stelle selbst nicht zu entnehmen,[4]) für die Frage nach dem Wert des Eigentums zudem gänzlich irrelevant. Denn kein vernünftiger wird aus der Erscheinung kommunistischer Zustände auf primitiven Kulturstufen einen Grund hernehmen für die Forderung der Aufhebung des Privateigentums.

Zweitens wird das Privateigentum für allerhand Unthaten und Elend in der Welt verantwortlich gemacht. Das ist nun freilich ein

---

[1]) D. 105.

[2]) *Roſsbach,* Geschichte der bürgerlichen Gesellschaft, 1875, S. 40.

[3]) Die Scheidung positiver und negativer Gütergemeinschaft stammt von *Pufendorf.* Er selbst entscheidet sich, in einer Polemik gegen *Grotius,* für die letztere: ‚res omnes fuisse in medio positas': De jure naturae Lib. IV cap. 4 de origine dominii § 2.

[4]) *Rousseau* läſst diese Frage im Contr. soc. ausdrücklich offen: „Il peut arriver, que les hommes commencent à s'unir avant que de rien posséder et que s'emparant ensuite d'un terrain suffisant pour tous ils en jouissent en commun, ou qu'ils le partagent entre eux soit également soit selon des proportions établies par le souverain." — I Ch. 9.

durchaus zum Sozialismus überleitender Gedanke. Man hat sich aber zu vergegenwärtigen, dafs der Zweck derartiger Ausführungen *Rousseaus*[1]) nicht in der Diskreditierung des Eigentums liegt, sondern in dem — unmittelbar dem System *Lockes* entnommenen — Nachweis, dafs die Konsequenzen des Privateigentums den Übergang in das gesellschaftliche Leben und die Gründung des Staates notwendig machen, und dafs gerade die Rechtsordnung dazu berufen ist, einen Ersatz zu schaffen für die zerstörte Harmonie des Naturzustandes. Nicht also eine Animosität gegen das Privateigentum sollen diese Gedanken hervorrufen, sondern als Ferment zur Erklärung und Rechtfertigung der Rechtsordnung benutzt werden. Daneben kommt allerdings das Leitmotiv des Diskurses zum Ausdruck, dafs die Ausbildung des Eigentums die Ungleichheit unter den Menschen ständig vermehrt und schliefslich zu keineswegs erfreulichen Folgeerscheinungen führt. Was aus diesen, — wie ich glaube, unbestreitbaren — Thatsachen für Anforderungen an den Gesetzgeber und Sozialpolitiker erwachsen, wird uns der Contrat social und die Economie politique lehren. Ihrer Ausdeutung im Sinne des Sozialismus wird jedenfalls stets die bündige Erklärung entgegenzuhalten sein, mit der *Rousseau* den Katalog der durch das Eigentum erzeugten Übel beschliefst: „Nun? soll man also die Gesellschaft zerstören, das Mein und Dein aufheben und in die Wälder zurückkehren, um mit den Bären zu leben? Das wäre eine Folgerung nach der Art meiner Gegner, ich will ihnen aber lieber zuvorkommen, um ihnen die Schande zu ersparen, sie zu ziehen!“[2])

Drittens verdient Erwähnung die in der Stelle zum Ausdruck gebrachte Meinung, dafs das Eigentum auf eine plötzliche Veränderung der bestehenden Verhältnisse durch List oder Vergewaltigung zurückzuführen sei. Dafs diese Annahme dem in Rede stehenden Problem irgendwie präjudiziert, mufs energisch bestritten werden. Für die Beurteilung der Zweckmäfsigkeit des bestehenden Eigentumsrechts ist die Art seiner Entstehung vollkommen gleichgültig. Man kann ruhig zugeben, — ein historisch gesichertes Wissen fehlt uns thatsächlich hierüber — dafs es durch Willkür ins Leben gerufen ist, ohne damit auch nur um ein Haar breit in seiner Wertschätzung gebunden zu sein. Der gegnerischen Ansicht würde aber auch die Voraussetzung, dafs wirklich aus der gewaltsamen Entstehung des Eigentums sein Unwert folgt, in Nichts zum Vorteil gereichen. *Rousseau* hat nämlich auch hier allen leidigen Konsequenzen vorbeugen wollen, indem er unmittelbar in dem auf jene

[1]) Vergl. auch Diskurs S. 135 und 113.
[2]) D. 138 Anm.

temperamentvolle Phrase folgenden Satz sich selbst berichtigt und die dort ausgesprochene Anschauung von der Entstehung des Eigentums für eine höchst unwahrscheinliche Hypothese erklärt.[1]) Der Begriff des Eigentums setze eine lange Kette von Ereignissen und Kenntnissen voraus, er könne sich also keineswegs mit einem Schlage im menschlichen Geiste bilden, sei vielmehr als der notwendige Abschlufs einer langen Entwicklung aufzufassen.[2])

Dafs dies seine wirkliche Meinung darstellt, lehrt der von ihm skizzierte Gang der Entwicklung, den wir nunmehr, den unterbrochenen Faden wieder aufnehmend, zu Ende zu verfolgen haben.

Rousseau knüpft die Entstehung des Eigentums an die Bebauung des Landes. Aus dieser folge „mit Notwendigkeit" seine Teilung sowie ein Recht des Bebauers auf das Produkt des von ihm gepflegten Landes und folglich auch auf den Grund und Boden selbst.[3]) Ganz wie *Locke* begründet er diese Zurückführung des Eigentums auf die „Arbeit" damit, dafs der Mensch die Dinge nicht geschaffen hat und sie sich daher nur aneignen darf, wenn er ihnen durch eigene Arbeit etwas hinzugefügt hat. Aus der hierdurch sanktionierten Occupation des Landes bildet sich ein „zunächst bis zur Ernte und so (!) von Jahr zu Jahr dauernder Besitz", der dann leicht in ein Eigentum umzuwandeln ist. Das Wie? dieses Umwandlungsprozesses verschweigt *Rousseau*, er begnügt sich damit, die Folgen des einmal anerkannten Eigentums darzustellen.

Besitzt die natürliche Ungleichheit unter den Menschen in den Anfängen der Entwicklung nur wenig Einflufs,[4]) so schafft das Eigentum, dessen Einführung das letzte Stadium des Naturzustandes bedeutet, neue Gegensätze und verschärfte Konflikte. Denn da die Talente der Menschen nicht gleich sind, so ist die unausbleibliche Folge des lediglich auf Arbeit gestützten Eigentums, dafs die einen, die ihre Fähigkeiten zu benutzen verstanden, zahlreiche Vorteile gewannen, indes der weniger geschickte Teil der Menschheit kaum zu leben hatte. „So breitet sich die natürliche Ungleichheit unmerklich zu einer aus kluger Berechnung stammenden aus, die Ver-

---

[1]) Dieses Verfahren, einem exzentrischen Bonmot zu Beginn seiner Ausführungen die sachlich gegründete und in der Form ruhige Ansicht folgen zu lassen, ist für *Rousseau* typisch. *Girardin*, Rousseau, sa vie et ses ouvrages, Paris 1875 S. 48 charakterisiert es gut mit den Worten: „R. a mis le paradoxe au frontispice de tous ses ouvrages pour attirer les yeux du public, il a mis le bon sens au fond de l'édifice et comme dans le sanctuaire. Mais le plus grand nombre de ses lecteurs s'arrête dans le vestibule sans passer plus avant."

[2]) D. 105.

[3]) D. 112.

[4]) D. 103.

schiedenheit der Menschen, entwickelt durch die der Umstände, kommt fühlbarer und dauerhafter in ihren Wirkungen zur Geltung und beginnt in dem gleichen Verhältnis einen Einfluſs auszuüben auf das Los der einzelnen."[1])

Das weitere versteht sich bei dem Fehlen einer Rechtsordnung von selbst. Die Mächtigen bilden sich aus ihren Kräften, die machtlosen aus ihren Bedürfnissen „eine Art Recht am Gute des anderen" aus, das gesteigerte Rivalentum erzeugt einen ständig heftiger entbrennenden Kampf zwischen dem Recht des Stärkeren und dem Recht des ersten Besitzers, die Leidenschaften entzügeln sich, und schlieſslich entsteht ein unvermeidlicher und schreckenerregender Kriegszustand! Wie ihm entgehen?

V.

Wiederum ist es die Not, die die Fähigkeiten und Verstandeskräfte der Menschen schärft. Die Menschen beginnen zu reflektieren. Insbesondere erkennen die Reichen, daſs sie ihr Besitztum auf die Dauer nicht zu schützen vermögen vor dem immer furchtbarer werdenden Andrängen der Massen, daſs sie zwar leicht imstande sind, einen einzelnen zu zerschmettern, der Gewalt der Menge gegenüber aber hilflos und verlassen sind. In ihrem Kopf entsteht daher — „oder sollte entstehen" — „le projet le plus réfléchi qui soit jamais entré dans l'esprit humain": die Gesellschaftsordnung. Um den Schrecken einer Situation zu entgehen, die Alle gegen Alle bewaffnete, erkannten die Klugen die Notwendigkeit, einen Teil ihrer Freiheit zur Erhaltung des Restes zu opfern, — „wie ja auch ein Verwundeter sich den Arm amputieren läſst, um das Leben zu retten."[2]) Es gelang ihnen aber die erwünschte Zusammenschlieſsung aller zu einer Einheit zu bewirken durch Erwägungen, die etwa folgenden Inhalt hatten: „Vereinigen wir uns, um die Schwachen vor Unterdrückung zu schützen, die Ehrgeizigen im Zaume zu halten und jedem den Besitz dessen, was ihm gehört, zu sichern, setzen wir Vorschriften der Gerechtigkeit und des Friedens fest, denen alle verpflichtet sind, sich anzupassen, die auf niemanden Rücksicht nehmen und gewissermaſsen die Kaprizen des Zufalls gut machen, indem sie den Starken wie den Schwachen gleicherweise gegenseitigen Pflichten unterwerfen. Mit einem Wort: anstatt unsre Kräfte gegen uns selbst zu wenden, laſst sie uns zu einer obersten Gewalt vereinigen, die uns beherrscht nach guten Gesetzen, die die Mitglieder der Gesellschaft

---

[1]) D. 112.
[2]) D. 115.

beschützt und verteidigt, die gemeinsamen Feinde zurückschlägt und uns in einer ewigen Einheit erhält."[1]) Das ist in neuen Worten der alte Gesellschaftsvertrag. Die Hoffnungen, die die Kontrahierenden veranlassen, den Zustand der Vereinzelung aufzugeben und sich Gesetzen und einer Gesellschaftsordnung zu fügen, sind zureichend begründet einerseits in der Vergangenheit, die ihnen die Unmöglichkeit eines ruhigen Genusses ihrer Güter gezeigt hat, andrerseits in den Normen des Gesellschaftsvertrages, die ihnen die Möglichkeit vorspiegeln, das Entbehrte zu erreichen und als Ersatz für die Übernahme gleicher Pflichten unterschiedslos Rechte und Schutz zu erwerben. Die allseitige Erkenntnis der Mifsstände des bisherigen Lebens mufs also Hand in Hand gehen mit dem ebenso einheitlichen Glauben an die Vorteile des erstrebten modus vivendi.

Diesen optimistischen Kalkul als irrig hinzustellen, scheint der Zweck der — etwas tumultuarischen — Schlufsausführungen des Diskurses zu sein.

Ihr Inhalt wurzelt nämlich in dem Nachweis, dafs die Entwicklung des sozialen Lebens, anstatt dem Wohl aller zu dienen, lediglich zu einer immer schärferen Ausprägung wirtschaftlicher und politischer Ungleichheit führe: sie schaffe neue Fesseln für den Schwachen, neue Kräfte für den Reichen.[1]) *Rousseau* sieht die kausalen Faktoren dieser Entwicklung einmal in der rechtlichen Anerkennung des Eigentums, durch welche die Ungleichheit unter den Menschen dauernd festgelegt werde, andrerseits in der Form, die die Ausgestaltung des Staatswesens allmählich annehme. Ohne den ersten Punkt zu erörtern, wendet sich *Rousseau* dem zweiten zu. Zunächst — so führt er aus — herrschten in der Gesellschaft einzelne allgemeine Abmachungen, deren Einhaltung die Bürgerschaft versprach und die Gemeinschaft aller verbürgte. Da aber die Erfahrung die Schwäche einer solchen Konstitution lehrte, sowie die Leichtigkeit, mit der man imstande war, den eingegangenen Pflichten entgegenzuhandeln, so sind die Menschen zunächst genötigt, einzelnen das gefährliche Amt (dépôt) der Staatsgewalt zu übertragen. Das Volk schafft damit eine Obrigkeit oder Herrschergewalt, die sich vertragsmäfsig bindet, die Gesetze gemäfs den Intentionen der ihrerseits Gehorsam versprechenden Auftraggeber wahrzunehmen. Solange diese Einsetzung der Oberen durch die Wahl des Volkes geschah, blieb dessen Freiheit gewahrt. Bald wurden indes, da jede neue Wahl Bürgerkriege und Unruhen veranlafste die Regierungen erblich. Um sich die Ruhe zu sichern,

---

[1]) D. 115.

wurde das Volk knechtisch und schuf sich neue Schmerzen. Denn bald fühlten sich die Herrscher — ihr Amt wie ein Familiengut ansehend — als Eigentümer des Staats, während sie doch ursprünglich lediglich seine Diener waren. Mit dieser Entartung der gesetzlichen Macht in absolute Willkür ist die äufserste Stufe der Ungleichheit erreicht: es giebt nichts als Herren und Sklaven, von Volk und Gesetzen ist ebensowenig wie von Freiheit und Sittlichkeit die Rede.[1])

Was nun folgt, ist eitel Unklarheit. *Rousseau* erschöpft sich in emphatischen Schilderungen des raffinierten, verlogenen, eitlen und servilen Kulturmenschen und schliefst mit der folgenden Inhaltsangabe des Diskurses: „Ich habe versucht, Ursprung und Fortschritt der Ungleichheit darzustellen, die Errichtung und den Mifsbrauch der Staaten, sowie diese Dinge sich entwickeln konnten aus der Natur des Menschen, allein durch die Leuchte der Vernunft, unabhängig von den heiligen Dogmen, die der souveränen Staatsgewalt eine Sanktion nach göttlichem Recht geben. Aus dieser Darstellung folgt, dafs die Ungleichheit fast gleich Null ist in dem Naturzustand, dafs sie Kraft und Wachstum erlangt durch die Entwicklung unsrer Fähigkeiten und Fortschritte des menschlichen Geistes und schliefslich fest und gesetzlich wird durch die Begründung des Privateigentums und der Gesetze. Es folgt ferner, dafs die moralische Ungleichheit, die durch das positive Recht autorisiert wird, mit dem natürlichen Recht stets in Widerspruch steht, falls sie nicht in dem gleichen Verhältnis konkurriert mit der physischen Ungleichheit, — eine Unterscheidung, die genügend klarlegt, was man von der unter den modernen Völkern (peuples policés) herrschenden Ungleichheit zu denken hat. Denn es ist offenbar wider das Gesetz der Natur, mag man es definieren, wie man will, dafs ein Kind einem Greise befiehlt, ein Idiot einen vernünftigen Menschen leitet und eine Handvoll Leute im Überflufs erstickt, während die Menge hungert und das Nötigste entbehrt."[2])

Was bedeutet dieser pessimistische Abschlufs? Seit *Voltaire* den Diskurs ein „Buch gegen das menschliche Geschlecht" genannt hat, sind die Beurteiler *Rousseaus* nicht müde geworden, den gleichen Weg zu gehen und in jener Darstellung der gesellschaftlichen und kulturellen Übel eine prinzipielle Verneinung der Rechtsordnung, des Privateigentums und

---

[1]) D. 120—122.
[2]) D. 126.

der Kultur überhaupt zu erblicken. Nichts ist verkehrter, als das. Während der Diskurs in seinem ersten Teil eine rein theoretische und rechtsphilosophische Erörterung der Anfänge der Gesellschaft — der Gesetze und des Eigentums insbesondere — enthält, läuft er zum Schlufs in eine revolutionäre Kritik der Zeitlage aus, die lediglich die vorliegende Mifsentwicklung der Gesellschaft trifft und schlechterdings nicht als allgemeine Be- und Verurteilung der Rechtsordnung aufzufassen ist. Das ergiebt die Erwägung:

1. Dafs *Rousseau* ja den Entwicklungsprozefs, der zum Recht und Staate führte, für notwendig und daher schon aus diesem Grunde eine Umkehr zum Naturzustand (oder ihm entsprechende Verhältnisse) für unmöglich hielt,

2. dafs bereits vor der Staatsgründung Zustände der Ungleichheit unter den Menschen bestanden, die weit über das Mafs der natürlichen Ungleichheit hinausgingen,

3. dafs die hieraus entspringenden Unruhen und Mifsstände durch das Recht beseitigt werden sollten, nicht unter der Bedingung, dafs jeder mit der natürlichen Ungleichheit nicht harmonierende Unterschied unter Menschen vernichtet werde, sondern indem vielmehr die politische Ungleichheit sanktioniert und nur allen gleichmäfsig Rechtsschutz garantiert wurde. Mit anderen Worten: durch den Gesellschaftsvertrag, der das Recht schafft, wird die politische Ungleichheit nicht blofs festgelegt, sondern zugleich gerechtfertigt.

4. Wenn daher durch die politische Ungleichheit Gefahren und Übel für die Menschen heraufbeschworen werden, so können diese mit dem Wesen der Rechtsordnung nicht in Zusammenhang gebracht, sondern nur anderen Faktoren zur Last gelegt werden.

Die Menschen sind es, die diese Übel erzeugen, nicht das Recht. Freilich erwachsen aus dieser Erkenntnis auch für das Recht Aufgaben: wie sein Einflufs die Schrecken des dem Naturzustande folgenden „Kriegszustandes“ beseitigen sollte, so ist es wiederum bestimmt, heilend einzugreifen, sobald die Entartung zur Überkultur der Menschheit neue Leiden bringt. Zur Lösung dieses Problems bietet der Diskurs nach seiner ganzen Fragestellung keine Handhabe. *Rousseau* behauptet zwar in einer Verteidigung gegen das erwähnte Urteil *Voltaires* durch den Nachweis, dafs die Menschen ihre Übel sich selbst geschaffen haben, zugleich die Mittel anzuzeigen, wie sie ihnen entgehen könnten.[1]) Indessen ist

[1]) Brief an *Voltaire* vom 18. August 1756 Bd. X S. 124.

diese Meinung nicht zu unterschreiben. Vielmehr konnte er der Frage erst nähertreten in einer Untersuchung, die nicht die Quellen, sondern die Gültigkeit und die Ziele des Rechts behandelt.

Drittes Kapitel:
Die Gültigkeit des Rechts.

§ 1.
Die Problemstellung.

„Um den Rechtsgrund des Staates richtig zu erkennen, mufs die Frage: was zu dem Entstehen des Staates Veranlassung gegeben? von jener: wodurch das Bestehen des Staates vor unserer Vernunft gerechtfertigt erscheine? streng getrennt werden."

Eötvös, Der Einflufs der herrschenden Ideen des 19. Jahrhunderts auf den Staat; Leipzig 1854 Bd. 2, S. 65.

„Um das, was ist, richtig zu beurteilen, mufs man wissen, was sein soll." Die Anwendung dieses für alle Rechtsphilosophie ausschlaggebenden Grundsatzes ist der Contrat social. Seine Lehre will nicht, wie der Diskurs eine Entstehungsgeschichte des Rechts sein, sondern eine Besinnung auf den allgemeingültigen Mafsstab und obersten Zielpunkt für jedes mögliche Rechtssystem.

Dafs diese veränderte Problemstellung, man kann sagen, fast sämtlichen modernen Beurteilern *Rousseaus* entgangen ist,[1]) erklärt sich einmal aus der durch die historische Rechtsschule inaugurierten Geringschätzung naturrechtlicher Auffassungsweisen des Rechts und der daraus resultierenden mangelhaften Vertiefung in ihre Probleme, zweitens aber aus der Thatsache, dafs die Antwort auf die neue Frage nach der Gültigkeit des Rechts in den alten traditionellen Formen, der Lehre vom Gesellschafts- oder Staatsvertrage, erfolgt ist. Ja, man wird noch weiter gehen müssen. Nicht blofs die Form ist die alte, sondern auch inhaltlich zeigt der Contrat social in mehrfacher Hinsicht die Abhängigkeit von der Überlieferung und — eine Folge dieser Unfreiheit — ein nichts weniger als scharf ausgearbeitetes System. Nimmt man schliefslich hinzu, dafs seine Lehren ohne einen Einblick in die politischen Unruhen Genfs — die, nirgends erwähnt, überall für die Ansichten *Rousseaus* bestimmend gewesen sind — objektiv kaum zu würdigen sind, so ergiebt sich die Schwierig-

---

[1]) Eine Ausnahme macht *Stammler*, Die Theorie des Anarchismus Berlin 1894, S. 14.

keit des Verständnisses und der unbefangenen Wertung dieses Werkes. Die erste Vorbedingung hierfür ist die scharfe Fixierung des Grundproblems, über das wir eine doppelte Aufklärung erhalten.

1. „Der Mensch ist frei geboren und trotzdem überall in Ketten. Er glaubt, Herr über die anderen zu sein, und niemand ist in Wahrheit mehr Sklave. Wie ist diese Veränderung vor sich gegangen? Das weifs ich nicht. Was kann sie rechtfertigen (rendre légitime)? Diese Frage glaube ich lösen zu können.“ [1])

In diesen kurzen, aber für das Verständnis des Contrat social wesentlichen Sätzen sind zwei bedeutsame Voraussetzungen über die Gesellschaftsordnung und das Recht enthalten: eine historische und eine sachliche.

In historischer Hinsicht setzt *Rousseau* voraus, dafs es eine Entwicklung vom freien zu dem in Ketten befindlichen Menschen d. h. vom Naturzustand zur Gesellschaftsordnung gegeben hat. Teilt er diese Annahme mit den übrigen Naturrechtlern, so erhebt er sich über die Tradition, wie über seinen Diskurs durch die Erklärung, dafs er über diese Entwicklung kein Wissen habe und seine Aufgabe lediglich in der Untersuchung ihrer Rechtmäfsigkeit erblicke. Wenn nämlich der Mensch frei geboren ist, das gesellschaftliche und rechtliche Leben ihm also nicht von Natur zukommt, so entsteht die Frage, was denn die Gebundenheit, der sich die Menschen innerhalb gesellschaftlicher Verbände unterworfen fühlen, rechtfertigt? Dafs eine solche Rechtfertigung erforderlich ist, ist *Rousseaus* sachliche Voraussetzung über das Recht. Wer das Recht als Problem anerkennt, spricht damit eine bestimmte Meinung über den Gegenstand seiner Untersuchung aus.

Rousseau sieht die vor jeder tieferen Untersuchung gleichsam sinnenfällig hervortretende Eigentümlichkeit der Rechtsordnung darin, dafs sie eine Zwangsgewalt ausübt. Eine Rechtfertigung dieser Erscheinung würde sich erübrigen, wenn die Ketten und Schranken, die die Rechtsordnung der Handlungsfreiheit des einzelnen auferlegt, sich als Naturprodukt, und nicht vielmehr als freies Menschenwerk darstellten, oder wenn sie zusammenfielen mit blofser brutaler Macht. Beides ist aber nicht der Fall. *Rousseau* lehnt sich insbesondere gegen die von *Hobbes* und namentlich *Spinoza* gelehrte [2]) Identifizierung von Recht und Macht auf. Wenn der Satz: „gehorchet der Obrigkeit“ keinen weiteren Sinn hätte, als die Auf-

[1]) I, 1. Im folgenden wird der Contrat soc. ohne weitere Angabe nach Buch und Kapitel zitiert.

[2]) *Rousseau* nennt hier übrigens weder den einen noch den andern.

forderung, der Gewalt zu weichen,[1]) so sei er ein überflüssiges Gebot: man braucht da keine Pflicht zum Gehorsam zu statuieren, wo man gezwungen wird zu gehorchen. Andrerseits könne man sich unter der Voraussetzung, dafs es keinen weiteren Mafsstab für das Recht gebe, als die ihm zur Seite stehende Macht, mit Fug über seine Gebote setzen, sobald man es straflos thun könne. „Was aber ist das für ein Recht, das erlischt, sobald die Gewalt weicht?"[2]) Soll daher das Wort „Recht" überhaupt eine Bedeutung haben und nicht blofs als nichtssagende andere Bezeichnung für Macht fungieren, so wird man sich dahin zu einigen haben, dafs das Wesen des Rechts nicht in dem Begriff der Macht aufgeht. Die Rechtsgebote unterscheiden sich vielmehr von Willkürbestimmungen dadurch, dafs sie gesetzmäfsig sind. Recht ist gesetzmäfsige Macht.[2])

Diese Gesetzmäfsigkeit kann nur in menschlichen Konventionen bestehen, da ja die Rechtsordnung kein Naturphänomen ist und daher nicht den Charakter naturgesetzlicher Bestimmtheit besitzen kann.

II.

Dem gleichen Resultat — in schärferer Ausprägung — steuert eine zweite Problemstellung zu.

„Was macht den Staat zu einer Einheit? Die Vereinigung seiner Mitglieder. Woher rührt diese Vereinigung? Aus der Verpflichtung, die sie bindet. Was ist die Grundlage dieser Verpflichtung?"[3])

Hier unterscheidet *Rousseau* vier Möglichkeiten. Die Zurückführung der Gesellschaftsordnung auf blofse Gewalt verbietet sich für ihn aus den angeführten, hier übrigens nicht vorgebrachten Gründen. Der z. B. von *Grotius* vertretenen Annahme, dafs der Staat, wie man heute sagen würde, organisch aus der Familie herauswachse, und daher die väterliche Gewalt als Urquelle aller Staatshoheit zu bezeichnen sei, ist *Rousseau* bei verschiedenen Gelegenheiten entgegengetreten. Er giebt zwar zu, dafs die Familie das erste Musterbild politischer Gesellschaften sei,[4]) und dafs also insoweit nichts im Wege stände, den Regenten nach Analogie

---

[1]) *Lorenz von Stein*, a. a. O. I, 93 giebt die Meinung des *Rousseau* unter Berufung auf dieses Zitat dahin an, dafs er die Pflicht des Gehorsams der Völker nur als Notwendigkeit des Schwachen dem Mächtigen gegenüber auffasse. Ärger kann man den Sinn *Rousseaus* kaum verfehlen, da ja das angeführte Zitat gerade zur Widerlegung jenes Standpunkts dienen soll.

[2]) I, 3.

[3]) Briefe vom Berge, Bd. III S. 202 (Inhaltsübersicht über den Contrat social.)

[4]) C. s. I, 2.

eines Hausvaters aufzufassen. Nur dürfe man nicht die durchgreifenden Unterschiede beider Institutionen übersehen und etwa für beide gemeinsame Grundsätze aufstellen. Der Staat werde nicht, wie die Familie, durch Naturtriebe zusammengehalten: brauche der Vater nur sein Herz zu befragen, um den Bedürfnissen der Kinder gerecht zu werden, so verfehle der Herrscher sicher seine Pflichten gegen die Unterthanen, wenn er seinen eigenen Instinkten — *Rousseau* meint: seiner Selbstsucht — folgt.[1])

Ebensowenig kann sich *Rousseau* mit der Herleitung der Rechtsordnung von Gott, nach dem Vorbilde *Filmers*, befreunden. Denn wenn er auch zugiebt, dafs es Gottes Wille sei, dafs die Menschen überhaupt in geordneten Gemeinschaften leben, so könne doch niemals die Gehorsamsverpflichtung gegenüber einer bestimmten Regierungsform auf die Sanktion Gottes gegründet werden: man kann nicht annehmen, dafs Gott will, dafs wir dem Jakob und nicht dem Wilhelm gehorchen.[2]) Es sei daher nur die vierte Annahme zulässig, derzufolge der Staat auf einen Vertrag gegründet werde. Dies sei der von ihm eingeschlagene Weg.

III.

Damit ist indes die Abgrenzung des Untersuchungsfeldes erst zum Teil vorgenommen. *Rousseau* sucht, wie wir sahen, den Grund der verpflichtenden Kraft der Rechtsordnung. Wer aber das Wesen der Rechtsordnung in Geboten von verpflichtender Kraft erblickt, kann als Subjekte dieses Inbegriffs von Pflichten nicht ausnahmslos jeden innerhalb eines Staates Lebenden, sondern nur diejenigen annehmen, die handlungsfähig und mit einer Einsicht in die Folgen ihres Thuns begabt sind. Kinder und Narren — die Zugehörigkeit der Frauen zu dieser Gruppe war der damaligen Zeit noch nicht einmal zweifelhaft geworden — können wohl zum Gehorsam gezwungen, niemals aber verpflichtet werden. Bei ihnen entfällt aber auch nach den naturrechtlichen Voraussetzungen das Problem der Rechtsordnung. Denn diese bedarf einer Rechtfertigung,

---

[1]) Vergl. hierzu: Economie politique III, 278 ff. und Diskurs I, 118.

[2]) Briefe vom Berge S. 202. — *Stahl,* Philosophie des Rechts II. Aufl. Bd. II S. 145 ff. richtet sich gegen diese Auffassung, indem er einwendet, a) dafs die bestimmte Verfassung zwar mittels des menschlichen Willens, aber nicht durch den menschlichen Willen, vielmehr durch Gottesfügung entstehe, b) dafs selbst unter der Voraussetzung der rein menschlichen Schöpfung einer Staatsform, diese keineswegs ihr Ansehen auf den Willen der Menschen stütze. Der Staat sei eine göttliche Institution, wie die Ehe. Bei dieser bestehe ja auch vor ihrer Begründung vollkommene Freiheit und trotzdem sei gerade die so frei geschlossene Ehe Gottes Ordnung und Gebot. Das gleiche gelte vom Staat. — Der Zirkel in der Beweisführung liegt auf der Hand. Es steht eben in Frage, ob Staat und Ehe göttliche Institutionen sind.

nur weil — und nur insoweit — der von ihr ausgehende Zwang im Widerspruch mit der freien menschlichen Natur steht. Diese „Freiheit", die *Rousseau* mit allen Naturrechtslehrern als eine Bedingung der Menschlichkeit ansieht, besagt nicht ein metaphysisches Vermögen, sondern die Fähigkeit der Menschen, die zu ihrer Erhaltung erforderlichen Mittel anzuwenden, ohne hierin durch die Willkür anderer gehindert zu werden. Frei und daher von Natur sein eigener Herr ist nur derjenige, welcher die für sein Ich zweckmäfsigen Handlungen vorzunehmen imstande ist. Wer diese Fähigkeit nicht besitzt, wie das Kind in der Wiege oder der Wahnsinnige, unterliegt daher der Gewalt anderer. Wer sie zu Handlungen in ihrem eigenen, ihnen selbst nicht verständlichen oder erkennbaren Interesse zwingt, handelt im Einverständnis mit der menschlichen Natur, weil er der Erhaltung der Gewaltunterworfenen durch diesen bevormundenden Zwang Dienste erweist. *Rousseau* betont dies besonders für die Beziehungen innerhalb der Familie. Bevor die Menschen im Alter der Vernunft sind, kann der Vater in ihrem Namen die Bedingungen zu ihrer Erhaltung und ihrem Wohlbefinden „stipulieren", mit dem Augenblick aber, in welchem die Kinder des Vaters nicht mehr bedürfen, ist das natürliche Band (lien naturel) gelöst, die bis dahin abhängigen Familienglieder werden unabhängig und frei.[1]) Die etwa noch fortdauernden Abhängigkeitsbeziehungen ruhen nicht mehr auf naturrechtlicher Grundlage. *Stammler* nennt diese Beschränkung der rechtsphilosophischen Frage auf die Handlungsfähigen eine „klägliche Inkonsequenz."[2]) Ich kann dieses Urteil nicht unterschreiben. *Rousseau* will den Grund der verpflichtenden Kraft der Rechtsordnung finden. In dieser Problemsetzung liegt aber zugleich jene Beschränkung; denn es ist sinnlos, Unzurechnungsfähigen und Unmündigen Pflichten zu setzen. Soweit die Rechtsordnung in Wohl und Wehe dieser Personen eingreift, besteht die folgende Alternative. Entweder wird damit dem Nutzen der von jenen Einwirkungen Betroffenen gedient: dann bedarf die Ausübung des Zwanges keiner Rechtfertigung, da sie, dem naturrechtlichen Zweck der Rechtsordnung entsprechend, das Wohl von solchen Personen fördert, die aus eigner Kraft dazu unfähig sind. Oder aber jene Zwangsregelung dient anderen Interessen: dann verträgt sie keine Rechtfertigung, sie ist reine Willkür und widerspricht den Aufgaben des Rechts schlechterdings. Ein Problem entsteht also erst, sofern die Rechtsordnung mit dem Anspruch, zu verpflichten, einen Zwang auf Handlungsfähige ausübt. Diese kennen ja, nach

[1]) I, 4 und 2.
[2]) Wirtschaft und Recht 563.

den naturrechtlichen Prämissen, die zu ihrer Erhaltung tauglichen Mittel. Daher scheint hier ein Widerspruch zwischen den Prämissen des positiven Rechts und den Geboten des Rechts der Natur zu bestehen. Wie darf man Menschen, die imstande sind, in dem Kampf ums Dasein sich durchzusetzen, durch verpflichtende, nicht willkürlich zwingende, Befehle der Rechtsordnung bestimmen? — Das ist die rechtsphilosophische Frage, durch deren Beantwortung *Rousseau* jenen Widerspruch aufzulösen unternimmt. Es handelt sich demnach bei der Ausschaltung der Handlungsunfähigen um eine geschlossene Gedankenreihe, die wir nunmehr weiter zu verfolgen haben.

Wir haben also zwei Arten von Beziehungen unter Menschen auseinanderzuhalten, solche, die sich mit Notwendigkeit aus der Natur des Menschen ergeben und solche, die nicht diesen naturgesetzlichen Charakter haben. Und zwar versteht *Rousseau* unter „Natur des Menschen" den genugsam als unklar gekennzeichneten Begriff derjenigen menschlichen Qualitäten, die nach Abstraktion von den Eigentümlichkeiten des staatlichen und gesellschaftlichen Lebens übrig bleiben. Von solcher Beschaffenheit sind einmal die Erscheinungen des Naturzustandes, wo Abhängigkeit wie Gehorsam lediglich nach Mafsgabe der Hilfsbedürftigkeit und Notwendigkeit bestehen,[1]) andrerseits Vorgänge innerhalb der Gesellschaft. Denn auch hier bildet sich auf Grund rein „natürlicher" — nicht politischer — Kraftdifferenzen ein Gegensatz von Befehlenden und Gehorchenden.

Den Boden dieser naturgesetzlich fundierten Abhängigkeit haben wir verlassen, sofern es sich um Herrschaftsverhältnisse handelt, die nicht die ohne Unterstützung und Leitung andrer Lebensunfähigen betreffen, sondern sich auf ausgereifte und vernünftige Individuen erstrecken. Diese sind frei. Da sie die zur Erhaltung ihrer Existenz erforderlichen Mittel kennen, hat niemand von Natur eine Autorität über sie auszuüben. Wer daher ihrer Bewegungsfreiheit Schranken auferlegt, handelt entweder ihrem Willen zuwider d. h. gewaltsam oder im Einverständnis mit den Gehorchenden, derart dafs ihrer Verpflichtung ein Recht auf Botmäfsigkeit korrespondiert. Das ist der Fall bei der Gesellschaftsordnung (ordre social). Diese ist nicht Gewalt, sondern ein „geheiligtes Recht, auf dem alle übrigen Rechte aufbauen".[2]) Da dieses Recht nicht von Natur

---

[1]) Ec. pol. 283 und Considérations V, 282: Das Gesetz der Natur ist das Gesetz des Stärkeren.

[2]) Denselben Gedanken drückt nach der Seite der Verpflichtung die Ec. pol. 284 aus: „Jedes Gesetz weist auf eine Grundverpflichtung der einzelnen zum Gehorsam gegenüber den Gesetzen: la première des lois est de respecter les lois."

stammt, und Gewalt niemals Recht zu erzeugen vermag, kann es nur auf freiwillige Abmachungen gestützt werden. Die Gesetzmäfsigkeit des Rechts ist konventioneller Art.[1])

IV.

Alle Prämissen des *Rousseau*'schen Systems laufen demnach hinaus auf die traditionelle Auffassung der Rechtsordnung. Sie erscheint als Verzicht auf die natürliche und ursprüngliche Freiheit handlungsfähiger Personen — denn insoweit sie handlungsunfähige ihren Geboten unterwirft, steht sie im Einklang mit dem Naturrecht, ist daher kein Gegenstand rechtsphilosophischer Untersuchung. Um diesen Verzicht und also die Rechtsordnung als gültig darzuthun, greift *Rousseau* zu der üblichen Annahme eines Zustandes unter Menschen, bei welchem die Hindernisse für ihre Entwicklung derartige Dimensionen angenommen hatten, dafs die Menschen genötigt waren, den naturrechtlichen modus vivendi aufzugeben.[2])

Darin haben wir also den Wert der Hypothese des Naturzustandes zu finden: in dem Nachweis, dafs die blofs natürliche Vereinigung der Menschen für ihre Erhaltung auf die Dauer unzulänglich erscheint. Allein damit ist das Grundproblem in keiner Weise gelöst. Denn der Naturzustand giebt uns lediglich negative Aufschlüsse: er lehrt uns, wie wir nicht leben können, giebt aber keinerlei Anhaltspunkte für diejenige Art der gesellschaftlichen Regelung, die wir an die Stelle der als unzureichend erkannten zu setzen haben. Wenn indessen der Verzicht auf den Naturzustand sich als Gebot der Selbsterhaltung darstellt, so läfst sich hieraus konsequent die Forderung ableiten, dafs die rechtliche Normierung dem einzelnen mehr Vorteile bietet, als der frühere Zustand. Soll die Rechtsordnung mit der freien Menschennatur harmonieren, so müssen ihre „Ketten" selbstangelegte sein. Dies aber ist nur denkbar unter der Voraussetzung, dafs die Veräufserung der Freiheit zum eignen Heil der Menschen ausschlägt. Die Forderungen des Rechts müssen mit dem, was das Interesse der einzelnen vorschreibt, zusammenfallen, Gerechtigkeit und Nützlichkeit von einander untrennbar sein.[3]) *Rousseau* teilt also mit seinen Vorgängern die utilistische

---

[1]) I, 2, 4.

[2]) „je suppose les hommes parvenus à ce point où les obstacles qui nuisent à leur conservation dans l'état de nature l'emportent par leur résistance sur les forces que chaque individu peut employer pour se maintenir dans cet état." — I, 6.

[3]) „Je tâcherai d'allier toujours dans cette recherche ce que le droit permet avec ce que l'intérêt prescrit, afin que la justice et l'utilité ne se trouvent pas divisées." — I, Einleit.

Auffassung des Rechts. Die Rechtsordnung soll ein Instrument zum Nutzen der einzelnen sein, sie dient dem Wohl der Gesellschaft, indem sie das individuelle Wohl fördert.

Ehe *Rousseau* die Möglichkeit dieser Harmonie darthut, unterwirft er den entgegengesetzten Standpunkt des *Hugo Grotius* einer Kritik, die für seine eigene Auffassung klärende Bedeutung besitzt. *Grotius* hatte die Sklaverei und den Despotismus zum Beweise dafür angezogen, dafs menschliche Herrschaft keineswegs unter allen Umständen dem Nutzen der Beherrschten diene. Wie es einzelne gebe, die zum Sklaventum geboren werden, so könne man sich sehr gut ein Volk vorstellen, das seine Freiheit veräufsere und sich zum willenlosen Unterthan eines Königs degradiere.[1]) Der Fehler dieser Deduktion liegt nach *Rousseau* darin, dafs hier ein Recht durch das blofse Faktum konstituiert werde.[2]) In der That wird hiermit der springende Punkt getroffen. Es steht gar nicht in Frage, ob Sklaventum und Tyrannenherrschaft geschichtlich beglaubigte, sondern ob sie zu Recht bestehende Erscheinungen sind. Die Untersuchungen über das Recht — im philosophischen Sinne — sind oft genug nichts als eine „Geschichte alter Mifsbräuche",[3]) während ihre Aufgabe, richtig verstanden, in der Aufhellung normativer Gesichtspunkte besteht. Von diesem Standpunkt betrachtet, wird die Sklaverei zunächst niemals gerechtfertigt werden können. Eine Konvention, die dem einen eine absolute Autorität gewährt, dem anderen schrankenlosen Gehorsam auflegt, ist nichtig. Sie kann nie etwas anderes sein, als Gewalt. Denn ein völliger Verzicht auf seine Freiheit bedeutet eine Entäufserung seiner Qualität als Mensch und ist daher unverträglich mit der menschlichen Natur d. h. unmoralisch. Und dieser Verzicht ist zugleich ein logischer Widerspruch. Man kann einem Menschen gegenüber, von dem man das Recht hat, alles zu verlangen, keine Pflichten übernehmen.[4])

Das Recht darf und kann also niemals zur Sanktion der-

---

[1]) Siehe oben S. 31, 32.

[2]) „Sa — des *Grotius* — plus constante manière de raisonner est d'établir toujours le droit par le fait." I, 2.

[3]) I, 2 Anm.

[4]) „Renoncer à sa liberté c'est renoncer à sa qualité d'homme, aux droits de l'humanité, même à ses devoirs: il n'y a nul dédommagement possible pour quiconque renonce à tout. Une telle renonciation est incompatible avec la nature de l'homme et c'est ôter toute moralité à ses actions que d'ôter toute liberté à sa volonté. Enfin c'est une convention vaine et contradictoire, de stipuler d'une part une autorité absolue et de l'autre une obéissance sans bornes. N'est-il pas clair qu'on n'est engagé à rien envers celui dont a droit de tout exiger? Et cette seule condition, sans équivalent sans échange, n'entraîne-t-elle pas la nullité de l'acte?" I, 4.

artiger Abhängigkeitsverhältnisse verwertet werden. Sklaverei und Recht sind Begriffe, die sich schlechthin ausschliefsen.[1])

Schwierigkeiten der gleichen Art begegnen dem Versuch des *Grotius*, absolute Staatsformen als (unter Umständen) legitim hinzustellen. Wenn ein Volk sich einen Alleinherrscher wählt, so thut es dies, um einen sicheren Schutz für Leben, Freiheit und Eigentum zu erlangen.[2])

Dadurch jedoch, dafs es sich ihm gegenüber zu unbedingtem Gehorsam verpflichtet und ihm auf diese Weise jene Güter unwiderruflich preisgibt, bringt es sich in eine schlimmere Lage, als ein Sklave. Diesem liefert sein Herr wenigstens die nötigen Subsistenzmittel, während ein absoluter Monarch auf Kosten seiner Unterthanen lebt. Wollte man aber selbst ein „Volk von Narren" annehmen, das sinnlos genug wäre, bedingungslos und freiwillig seine Freiheit einem Tyrannen zu verpfänden, so würde ein derartiger Akt niemals Recht schaffen — „la folie ne fait pas droit" — und vor allem niemals die Nachkommen verpflichten können. Bei diesen lebt mit erlangter Handlungsfähigkeit die natürliche Freiheit wieder auf. Ein Beschlufs, durch den der Sohn eines Sklaven oder sklavisch Regierten ohne seine Einwilligung der gleichen Unfreiheit, wie sein Vater verfällt, ist den Zwecken der Natur entgegengesetzt und daher nichtig.[3])

Jede Generation mufs frei darüber entscheiden können, ob sie die alte Herrschaftsform ablehnen oder annehmen will.

Indessen ist selbst unter der unmöglichen Voraussetzung, dafs die absolute und unwiderrufliche Bindung eines Volkes mit den natürlichen Rechten der Menschheit zu vereinigen sei, der Despotismus als Staatsform in keiner Weise gerechtfertigt. Es ist eben ein grofser Unterschied, ob man eine lose Vereinigung von Sklaven knechtet oder ein einheitlich geschlossenes Gebilde: eine Gesellschaft regiert. Denn jener „aggrégation" fehlen gerade diejenigen Merkmale, die das Wesen dieser „association" ausmachen: ein öffentliches Wohl und ein politischer Körper. Mag ein Despot auch die Hälfte der Welt sich unterthänig nennen, seine Interessen stehen in keinem Zusammenhang mit den Interessen der von ihm Beherrschten; sie sind rein privater Natur. Und das Gleiche gilt von der durch ihn geschaffenen Vereinigung. Auch diese ist seine private Schöpfung und bricht mit seinem Tode zusammen. Hier haben wir es mit einem Herrn und Knechten, nicht wie bei den die Gesellschaftsordnung konstituierenden Er-

[1]) I, 4.
[2]) Vergl. auch die Ausführungen im Diskurs 117 ff.
[3]) I, 4 und IV, 2.

scheinungen mit einem Volk und seinem Anführer zu thuen. Sobald wir uns aber von jenen lediglich faktischen Abhängigkeitsverhältnissen ab- und diesen kraft Rechtens bestehenden zuwenden, dürfen wir nicht in der Weise des *Grotius* untersuchen, welche Befugnisse ein Volk einem König verleiht, ehe wir nicht den grundlegenden Vorgang erkannt haben, durch welchen ein Volk zum Volk wird.[1])

Rousseau nennt diesen Vorgang im Verhältnis zu der Macht eines Königs den „zeitlich früheren" und legt durch diese Ausdrucksweise die Annahme nahe, als sei hier die Bildung eines Volkes im historischen Sinne gemeint. Dafs diese Annahme irrtümlich ist, vielmehr die Rechtmäfsigkeit der irgendwie erfolgten Zusammenschliefsung von Individuen zu einer Gemeinschaft deduziert werden soll, lehrt der Zweck, dem jene Ausführungen zu dienen bestimmt sind. Ihre Aufgabe besteht ja gerade in der Ablehnung jenes von *Grotius* beliebten Raisonnements „d'établir toujours le droit par le fait." Aus diesem Grunde erledigt sich der von *Bluntschli*[2]) gegen *Rousseau* erhobene Vorwurf, dafs er undankbarerweise an dieser Stelle die *Pufendorf*'sche Zweiteilung von Gesellschafts- und Unterwerfungsvertrag ohne Nennung ihres Urhebers übernehme. In der That ist die *Rousseau*'-sche Auffassung beider Verträge durchaus verschieden von der des *Pufendorf*. Denn *Rousseau* will weder eine Entscheidung der Frage geben, ob Sklaverei und Despotenherrschaft faktisch als positives Recht anerkannt werden, noch die thatsächliche Bildung einer Staatsgewalt beschreiben. Seine Aufgabe besteht vielmehr in der Darbietung von Gesichtspunkten, nach denen wir zu beurteilen haben, ob das faktisch Bestehende Recht sein solle und also unsere Anerkennung als Recht verdiene.

V.

Damit sind die Voraussetzungen erschöpft, auf denen das System des *Rousseau* ruht. Der dem Contrat social zur Entscheidung vorgelegte Streitstand läfst sich dahin zusammenfassen:

Rechtsgebote sind Zwangsbefehle. Sie fordern eine Untersuchung auf ihre Gültigkeit, weil es der Natur des handlungsfähigen Menschen nicht entspricht, einer zwingenden Kontrolle in seiner Lebensführung unterworfen zu sein, und sie vertragen eine derartige Untersuchung, weil sie nicht in blofser Willkür aufgehen, sich vielmehr als gesetzmäfsige Macht darstellen. Da diese Gesetzmäfsigkeit nicht durch die „Natur" be-

---

1) I, 5.
2) a. a. O., S. 345.

stimmt wird, vielmehr eine von Menschen vorgeschriebene, konventionelle ist, kann die Rechtsordnung als gültig nur begriffen werden, sofern ihr Inhalt dem Nutzen und Interesse der einzelnen entspricht (da andernfalls die Selbstbindung der Menschen unverständlich wäre). Aus dieser individual-egoistischen Grundlegung des Rechts folgt ein Doppeltes:

Die der Rechtsordnung zur Seite stehende Macht mufs zunächst gröfser sein, als die der isoliert lebenden einzelnen. Dies kann nur durch eine Zusammenlegung und Leitung der individuellen Kräfte durch eine Gesamtmacht geschehen, die ein besseres Instrument zum Schutz der individuellen Güter ist, als der bisherige Zustand. Neben dieser, ich möchte sagen, physischen Seite der Rechtsordnung kommt nun aber ihr ethischer Charakter in Betracht. Die Rechtsordnung soll nicht blofs die Kraft der einzelnen in ihrem Dienst verwenden, sondern zugleich für den einzelnen eine ethisch-bindende Norm sein. Dies ist aber nach naturrechtlicher Voraussetzung nur möglich bei einer Organisation, die im Einklang steht mit dem Wesen des Menschen, die also weder seine natürliche Kraft noch seine natürliche Freiheit vernichtet. *Rousseau* fafst die Schwierigkeiten, deren Auflösuug der „soziale Vertrag" geben soll, in der Formel zusammen, dafs es sich darum handle, „eine Form der Vereinigung zu finden, die mit all ihrer Kraft die Person und die Güter eines jeden Teilhabers (associé) verteidigt und schützt, und bei der jeder, indem er sich mit allen vereinigt, trotzdem nur sich selbst gehorcht, demnach ebenso frei bleibt, wie zuvor." [1])

§ 2.

Die Auflösung des Problems: der soziale Vertrag.

I.

Die Untersuchung des Fundaments der *Rousseau*'schen Rechtsphilosophie zeigt eine weitverzweigte Abhängigkeit von traditionellen Formulierungen. Die gleiche Erfahrung ergiebt die Betrachtung ihres systematischen Ausbaus. Die Gefahr, über dem scheinbar, genauer: der Form nach alten die durchgreifend neuen Gedanken zu verkennen, ist hier sogar besonders grofs. Hieraus erklärt sich, wie manche Sünde der *Rousseau*-Kritik, so im besonderen die Behauptung, *Rousseau* sei ein, wenngleich nicht sehr konsequenter, Anhänger des *Hobbes*'schen Staatsabsolutismus. [2]) Unsere Unter-

---

1) I, 5, 6.

2) *Bluntschli*, S. 349; *Janet* II, 427, 451, 452 und *Girardin*, *Rousseau*, sa vie et ses ouvrages II, 385.

suchung wird den Nachweis erbringen, dafs nur die Formel des *Rousseau*'schen Staatsvertrages der Gedankenwelt des *Leviathan* nahesteht, ihr richtig verstandener Sinn aber dem Recht ganz andere Wege weist.

Da der soziale Vertrag nur den Grund der Rechtmäfsigkeit des gesellschaftlichen Lebens, nicht seine Entstehung nachweist, ist es natürlich gleichgültig, ob die Vertragsklauseln jemals formell verkündet sind. Mag dies auch niemals geschehen sein, — jedenfalls haben wir in ihm den Mafsstab für jedes gültige Rechtssystem zu finden, dem er also, „stillschweigend zugelassen oder vielleicht unbekannt“, jederzeit zu Grunde liegt. Die Formel, nach der wir die Entscheidung hierüber zu fällen haben, lautet:

> „Völlige Hingabe eines jeden Volksgenossen mit allen seinen Rechten an die Gemeinschaft.“[1])

Dafs der rechtliche Zwang nur unter dieser Voraussetzung gültig und gesetzmäfsig ist, soll die Auflösung der Vertragselemente darthun:

1. Da sich jeder ganz und ohne Reserve der Gemeinschaft hingibt, so sind die Bedingungen der rechtlichen Verpflichtung für alle die gleichen. Niemand ist im Besitze von Sonderrechten, niemand hat einen rechtlichen Vorteil vor seinen Genossen. Daher hat auch niemand ein Interesse, dem anderen zu schaden. Die durch den Vertrag geschaffene Vereinigung ist eine vollständige, weil jede private Willkür und Abhängigkeit aus ihr ausgeschaltet ist.

2. Die absolute Hingabe der Rechtsunterthanen ist nur ein Schein. Hatte *Hobbes* aus dem Vertrage aller mit allen die Atomisierung der Bürger gefolgert, so vertritt der Contrat social die Ansicht, dafs der durchgängige Verzicht eines jeden auf seine Rechte nichts als eine gedankliche Operation ist, und dafs in Wirklichkeit dadurch, dafs jeder das Gleiche thut, jeder die gleiche gesetzliche Macht über seine Genossen wiedererlangt, die er ihnen über sich selbst eingeräumt hat. Durch den Gesellschaftsvertrag gewinnt also ein jeder ein Äquivalent für das Verlorene und mehr Kraft, das, was ihm gehört, zu bewahren. Er bleibt frei, insofern er in dem Besitz seiner ursprünglichen Rechte verbleibt, und wird gesichert vor dem Angriff auf die Güter seines Lebens infolge der der Einzelstärke überlegenen Gesamtmacht der Vereinigung.

II.

Zwei Grundgedanken sind es, auf denen sich das Staatsprinzip *Rousseaus* hiernach aufbaut. Während die Rechtsordnung einmal erfahrungsgemäfs als Zwangsregelung auftritt, und diese Bindung

---

[1]) I, 6.

des Einzelwillens zugleich gerechtfertigt erscheint infolge der Hilflosigkeit des isoliert lebenden Menschen, verlangen andererseits die naturrechtlichen Prämissen den Einklang dieser Zwangsbefehle mit den Interessen und Willensregungen der ihnen Unterworfenen, derart, dafs der einzelne nur sich selbst gehorcht, indem er den Geboten des Rechts nachkommt. Der Thatsache der rechtlichen Gebundenheit steht also das Postulat der „Freiheit" gegenüber. Die Vereinigung dieser Gegensätze soll in einem Rechtsideal nach Mafsgabe des Contrat social stattfinden.

Das Wesentliche dieses Vertrages — denn jene Formel ist nur ein vorläufig orientierendes Schlagwort — besteht darin, dafs die Mitglieder sich einstimmig bereit erklären, den Geboten der befehlenden Gesamtmacht, deren unteilbare Glieder sie selbst durch die Hingabe ihrer Person und Kraft werden, Gehorsam zu leisten. Die Zwiespältigkeit der Grundgedanken kommt in den zwiespältigen Beziehungen zum Ausdruck, die durch den sozialen Vertrag geschaffen werden. Man hat nämlich neben der Person und dem Willen jedes Vertragschliefsenden Leben und Willensäufserungen des Kollektivkörpers zu scheiden, der sich zwar aus ebensoviel Gliedern zusammensetzt, als die Versammlung Stimmen (notabene: handlungsfähiger) hat, aber dem Akt der Vereinigung selbständige Existenz — sein „gemeinsames Ich" — gegenüber den Individuen verdankt.

Diese „öffentliche Person" nennen wir Staat, insofern man sie als ruhiges und unthätiges Ganze betrachtet, Souverän, wenn sie handelnd auftritt; ihre Glieder heifsen als Teilhaber der politischen Gewalt Bürger und, insoweit sie den Gesetzen des Staates unterworfen sind, Unterthanen.[1])

III.

Ehe wir den komplizierten Bau der Rechtsordnung betrachten, müssen wir zunächst einen Blick auf ihre Zwecke werfen. Hier verrät sich *Rousseaus* Abhängigkeit von den Fesseln der Tradition am deutlichsten. Denn wenn er auch nicht die Entstehung eines staatlichen Lebens und einer rechtlichen Leitung untersuchen will, vielmehr von der Existenz beider ausgeht und lediglich das Kriterium ihrer Rechtmäfsigkeit zu ergründen beabsichtigt, so verbleibt er doch in dem Rahmen der alten Anschauungsweise durch die Annahme eines Zustandes natürlicher Freiheit und einer hieraus resultierenden, die Menschen in gesellschaftliche Verbände treibenden Notlage. Mag die Rechtsordnung in ihrer Entstehung auf Willkür

---

[1]) I, 6.

beruhen,[1]) ihr Rechtfertigungsgrund kann unter jener genetischen Voraussetzung nur in dem Nutzen für den einzelnen gefunden werden. Das Ziel der Rechtsordnung kann nur darin liegen, dafs Güter, Leben und Freiheit eines jeden wirksamen Schutz durch die Organe des Rechts geniefsen: d. h. in dem gröfsten Wohl aller.[2])

Wenn der Zweck des staatlichen Lebens das gemeine Wohl ist, und die verpflichtende Kraft des Rechts lediglich in diesem Endzweck liegt, so mufs es eine Macht im Staate geben, die der Verfolgung dieses Zwecks als geeignetes Mittel dient. Das ist die durch den allgemeinen Willen — die volonté générale — geleitete Macht des Souveräns. War das Recht notwendig geworden infolge der Kollision der Einzelinteressen, so kann seine Existenz nur möglich sein, sofern es ein dem Wohl aller gerecht werdendes Organ d. h. ein Bereich von gemeinsamen Interessen giebt.[3])

Berechtigt ist nur diejenige Staatsgewalt, die eine Ausübung dieses Gemeinwillens, eine Funktion der allen Staatsbürgern gemeinsamen Interessen ist. Giebt es derartige Interessen, und worin besteht ihre Wirksamkeit gegenüber den Sonderregungen des Egoismus?

Will man diesen schwierigen und Mifsdeutungen leicht ausgesetzten Begriff der „volonté générale“ verstehen, so darf man nicht aufser Acht lassen, dafs der Contrat social eine Scheidung fordert zwischen den Konsequenzen, die der Endzweck der Rechtsordnung als notwendig hinstellt, und den Bedingungen ihrer Umsetzung ins Praktische. Er entwirft ein ideales Schema von der Staatsgewalt und ihrem Organ, dem Gemeinwillen, indem er unter Abstraktion von Macht und Willen jedes wirklichen Vertreters der Staatsgewalt lediglich die Züge der verkörperten Gerechtigkeit zeichnen will. Das bis dahin nicht berücksichtigte Menschenmaterial untersucht er erst in dem Augenblick in welchem die Verwirklichung jenes Ideals seine Aufmerksamkeit erregt. Zwei Fragen sind also zu trennen:

1. Wie soll ein Staatswesen von Rechtswegen beschaffen sein?

2. Was können die Menschen thun, um die

---

[1]) *Rousseau* hat dies wiederholt betont: z. B. Ec. polit. 278: ‚l'autorité publique purement arbitraire quant à son institution'.

[2]) Ec. pol. 283. C. s. II, 11.

[3]) „. . si l'opposition des intérêts particuliers a rendu nécessaire l'établissement des sociétés, c'est l'accord de ces mêmes intérêts quil'a rendu possible“ II, 1.

den Anforderungen des Rechts entsprechenden Gesetze zu schaffen und sie in der gleichen Weise auszuführen?

Das zuerst genannte Problem zerfällt in die beiden Unterfragen nach den Pflichten der Unterthanen und den Funktionen der Staatsgewalt.

IV.

Die Pflichten der Unterthanen ergeben sich aus der Erkenntnis, daſs die Rechtsordnung auf der Natur des Menschen aufbaut und aus dem Egoismus stammt. Die durch den Staatsvertrag geschaffene Vereinigung hat ein so festes Gefüge, daſs niemand eines der Mitglieder verletzen kann, ohne den Staatskörper anzugreifen, noch weniger aber den Staatskörper verletzen, ohne daſs die Mitglieder dies fühlen. Dieser Einheit von Staatsganzem und seinen Gliedern entstammen die mit ihren Interessen zusammenfallenden Pflichten der Unterthanen.

Allein wenn auch die Rechtsordnung mit dem Glücksstreben und wohlverstandenen Egoismus eines jeden zu vereinigen ist, so kann doch Verblendung, Begierde oder was sonst dem sozialen Empfinden widerstreitet, zu einer Verkennung jener Vorteile und dem Streben führen, seine Sonderinteressen im Gegensatz zur Gesamtheit durchzusetzen. Die Unterthanen können also Interessen haben und verfolgen, die mit dem Gesamtinteresse kontrastieren. Sie können den Inbegriff dessen, was sie der Gesellschaft schulden, als eine freiwillige Steuer betrachten, deren Zahlung ihnen unangenehmer, als der Verlust den anderen nach ihrer Berechnung schädlich ist. Soll daher die rechtliche Bindung nicht ein leerer Wahn sein, so fordert sie den Zwang: wer sich weigert, den Geboten des gemeinen Willens zu folgen, soll gezwungen werden.[1]

Hierbei ist ein Doppeltes zu bemerken. Der Rechtszwang ist als Konsequenz des ursprünglichen Vertrages abgeleitet und daher nur insoweit begründet, als er der Verfolgung inhaltlich gültiger Rechtssatzungen dient. Wer den Zweck will, darf sich den Mitteln nicht entziehen. Da das Ziel des Contrat social, die Förderung der Vertragsschlieſsenden, nicht ohne die Gleichheit der rechtlichen Verpflichtung und die Freiheit von persönlicher Abhängigkeit zu erreichen ist, so kann derjenige, der diesen Bedingungen zuwiderhandelt und seine Sonderwillkür durchsetzt, zum Gehorsam gegenüber der Staatsgewalt gezwungen werden: „man wird ihn zwingen, frei zu sein.“[1]

---

[1]) I, 7.

Im Zusammenhang mit dieser Lehre von der bedingten Gültigkeit des Rechtszwanges steht — zweitens — der Satz, dafs die Verpflichtungen, die uns an das soziale Ganze binden, (da sie ja mit unserem Interesse sich decken sollen) gültige Kraft nur besitzen unter der Voraussetzung der Gegenseitigkeit: nur wenn das Recht uns schützt, sind wir verpflichtet, seinen Geboten zu gehorchen.[1])

Diesen Gedanken hat *Rousseau* in besonders scharfer und konsequenter Durchführung in der Economie politique vertreten. Wenn im Staate auch nur ein einziger Bürger, den man retten konnte, zu Grunde geht oder auch nur ein einziger Prozefs mit einer offenbaren Ungerechtigkeit ausläuft, so sind die Grundkonventionen gebrochen. Weder Recht noch Interesse können das Volk an die soziale Vereinigung binden, es sei denn, dafs es durch die Macht allein zurückgehalten werde.[2])

Weit weniger durchsichtig ist die Ausführung dieses Gedankens im Contrat social. Denn hier wird neben dem Prinzip der Gegenseitigkeit die Verpflichtung des einzelnen in traditioneller Weise aus dem Staatsvertrag hergeleitet. Und zwar haben wir hier zu scheiden das Verhältnis der Unterthanen zu dem staatlichen Leben überhaupt von den Pflichten, die sie an die Gesetze im speziellen binden. In der ersteren Beziehung will *Rousseau* überhaupt keine Pflichten gelten lassen. Da die bürgerliche Vereinigung der freiwilligste Akt der Welt ist, und der soziale Vertrag dementsprechend Einstimmigkeit fordert, so ist niemand verpflichtet, einem Staatswesen anzugehören, kann vielmehr ohne weiteres auf den Staat verzichten, und seine natürliche Freiheit wiedererwerben. Diese Einwilligung begreift sich aber nur in der Idee. Die einzelnen tragen nicht zur Entstehung des Staates durch ihren Willen bei, werden vielmehr in einen staatlichen Zusammenhang hineingeboren. Es fragt sich also lediglich, ob sie mit erlangter Bewufstseinsreife diesem Staate angehören wollen. Diese Einwilligung kommt aber in der Thatsache ihres Wohnortes zum Ausdruck: „habiter le territoire c'est se soumettre à la souveraineté.“

Sobald sie jedoch durch diesen Akt den staatlichen Grundkonventionen beigetreten sind, ist ihre Botmäfsigkeit den Gesetzen

---

[1]) „Les engagements qui nous lient au corps social ne sont obligatoires que parce qu'il sont mutuels et leur nature est telle qu'en les remplissant on ne peut travailler pour autrui sans travailler pour soi . . . . pourquoi tous veulent-ils constamment le bonheur de chacum d'eux si ce n'est parce qu'il n'y a personne qui ne s'approprie ce mot „chacun“ et qui ne songe à luimême, en votant pour tous.“ II, 4

[2]) Ec. p. 289.

gegenüber nicht mehr von ihrem, sondern dem Willen der Mehrheit abhängig: „abgesehen von diesem Urvertrag verpflichtet das Urteil der gröfseren Zahl stets die übrigen: das ist eine Folge des Vertrages!“[1])

Indessen gilt auch diese — der Konstruktion *Lockes* am nächsten stehende — Ansicht nur unter einem Vorbehalt. Die Freiheit, dem Vaterland jederzeit den Rücken zu kehren, findet ihre Grenze an der Wehrpflicht. Niemand darf den Staat verlassen, um sich seiner Pflicht zu entziehen und sich davon loszumachen, dem Vaterlande zu dienen, gerade wenn dieses unserer bedarf.[2])

Eine illusorische Freiheit, die sehr wenig zu dem proklamierten Anarchismus pafst! Erklären läfst sich diese Einschränkung nur unter der Voraussetzung, dafs man den Gehorsam des Staatsbürgers nicht von seiner Willkür, sondern von den aus utilistischen Gründen übernommenen Pflichten abhängig macht. Das ist denn auch die Begründung *Rousseaus*. Da das Leben eines jeden fortgesetzt durch den Staat geschützt wird, so stammt die Pflicht, im Notfall für das Vaterland zu kämpfen, auch hier aus dem Nutzen. Wenn die Unterthanen ihr Leben zur Verteidigung des Staates aussetzen, so thun sie nichts anderes, als dafs sie ihm das zurückgeben, was sie von ihm allein empfangen haben.[3])

Der gleiche Hinweis auf die staatliche Gegenleistung als Ursache der Unterthanenverpflichtung durchbricht — nach der entgegengesetzten Seite — den Grundsatz von der Präsumtion der Einwilligung im Falle des Verbleibens im Lande. Diese Präsumtion soll ihre Gültigkeit nur für freie d. h. nach Rechtsgesetzen beherrschte Staaten haben. Denn anderenfalls kann ein Bürger wider seinen Willen durch seine Familie, seine Güter und ähnliches in einem Lande zurückgehalten werden; dann ersetzt sein Aufenthalt nicht seine Zustimmung zum Gesellschaftsvertrag. Dies geschieht vielmehr lediglich, sofern die Staatsgewalt den einzelnen nicht blofs veranlafst, aus Not ihren Geboten unterthan zu bleiben, sondern zugleich ihren Pflichten nachkommt und also den Unterthanen Grund zur Dankbarkeit und Pflichtvergeltung giebt.[4])

In beiden Fällen handelt es sich, wie man sieht, um Widersprüche, die nicht zu vertuschen sind. Jedenfalls neigt die überwiegend vertretene Meinung *Rousseaus* dahin, die Verpflichtung der Staatsbürger nicht als Folge ihrer — supponierten —

[1]) VI, 2 ferner III, 18 u. I, 5,

[2]) III, 18 Anm.

[3]) II, 4. Vergl. auch die „Dernière réponse“ an *Bordes*, Werke I, S. 55: „Jeder Mann ist verpflichtet Soldat zu sein, zur Verteidigung seiner Freiheit.“

[4]) IV, 2 Anm. 1.

kontraktlichen Bindung, sondern als Äquivalent für die Dienste des Staates aufzufassen. Diese Gegensätze sind deshalb charakteristisch, weil sie die bereits gemachte Wahrnehmung bestätigen, dafs die traditionelle Hülle der Vertragsidee in dem System des *Rousseau* mit wesentlich neuem Inhalt ausgefüllt wird, andrerseits freilich zeigen, dafs *Rousseau* nicht imstande war, die Fesseln der Tradition endgültig zu sprengen.

V.

Wir wenden uns nunmehr zur Betrachtung der Pflichten der Staatsgewalt.

Den Unterthanen steht die Staatsgewalt, dem Einzelwillen der gemeine Wille gegenüber. Wenn wir der angegebenen Weisung folgen und die Staatsgewalt und ihre Organe zunächst in der idealen Beleuchtung betrachten, welche die abstrakte Deduktion aus dem Zweck der Rechtsordnung ergiebt, so dürfen wir uns über die von ihr ausgesagten — analytischen — Prädikate nicht wundern. Dafs die Staatsgewalt immer das ist, was sie sein soll und keiner Garantieen gegenüber den Unterthanen bedarf, ist für diese Auffassung ebenso selbstverständlich, wie die Behauptung, dafs der gemeine Wille, in dem sich ja die Ideen des Rechts verdichtet haben sollen, stets dem Recht gemäfs und der Gesamtheit zum Segen ist.[1])

Schwierigkeiten entstehen erst, sobald die Frage auftaucht, wie denn ein gemeiner Wille neben oder über der Vielheit partikulärer Willensregungen möglich ist, und welches denn die Merkmale sind, an denen die Staatsgewalt als Ausübung des unfehlbaren Gemeinwillens zu erkennen ist?

Zur Lösung dieser recht eigentlich das Zentrum des Contrat social bildenden Fragen mufs weiter ausgeholt werden.

Nach den Voraussetzungen des Systems soll das Wesen der politischen Vereinigung in dem Einklang zwischen Gehorsam und Freiheit bestehen, derart dafs Souverän und Unterthan, Verpflichteter und Berechtigter nichts als zwei getrennte Auffassungsweisen eines und desselben Begriffs „Bürger" sind.[2]) Nicht unter einem fremden Joche zu schmachten, sondern den eigenen Gesetzen zu folgen, ist also für *Rousseau*, ganz wie für *Sidney*, das Charakteristikum der staatlichen Verpflichtung. Konsequent durchgeführt, müfste diese Annahme zur Ungültigkeitserklärung einer jeden Rechtsregulierung im Sinne des

---

[1]) II, 3; I, 7. — Ec. polit. 282.

[2]) ‚L'essence du corps politique est dans l'accord de l'obéissance et de la liberté... ces mots de sujets et de souverain sont des corrélations identiques, dont l'idée se réunit sous le seul mot de citoyen'. III, 13.

Anarchismus führen. Denn es ist klar, dafs der einzelne nicht mehr dem eigenen Willen folgt, wenn er durch den Zwang der Staatsgewalt in seinem Thun oder Leiden bestimmt wird. *Rousseau* entgeht dieser Folgerung durch seine Betrachtung des Rechts sub specie contractus: der einzelne erklärt sich hiernach beim Eintritt in den Rechtsverband einverstanden mit den Bedingungen seines Bestandes, er fügt sich freiwillig den für die Existenz der bürgerlichen Vereinigung notwendigen Grundsätzen. Sein Wille ist demnach vertragsmäfsig konform mit dem Inbegriff der der Gemeinschaft nützlichen Handlungsweisen.

Berechtigt, diese gemeinen Interessen zum Ausdruck, und ermächtigt, sie zur Geltung zu bringen, ist der Souverän. Soll dieser den Zwecken der staatlichen Gemeinschaft gerecht werden, so darf die Kraft, die seine Entschlüsse leitet, niemals von dem Willen eines einzelnen ausgehen. Denn wenn auch die Möglichkeit besteht, dafs ein solcher dem gemeinen Wohl in seinen Handlungen dient und also mit dem Gesamtwillen harmoniert, so kann doch diese Übereinstimmung weder von Dauer noch irgendwie zu verbürgen sein, weil es der Natur des Einzelwillens entspricht, nach Vorzügen zu streben, während das Wesen des Gemeinwillens in der Gleichheit liegt. Daher darf die Souveränetät ihre Willensbeschlüsse niemals einer Person dauernd übertragen. Der Souverän kann zwar die Handlungen eines Mannes durch seine Zustimmung zu den dem eignen Willen entsprechenden sanktionieren, niemals aber die Erklärung abgeben, dafs seine Interessen jederzeit durch die Willensäufserung eines einzelnen gewahrt bleiben. Es ist absurd, dafs sich der Wille Ketten für die Zukunft anlegt. Ein Volk, das einfach zu gehorchen verspricht, verliert seine Qualität als Volk. Denn durch einen solchen Akt würde die Einheit des sozialen Körpers zerstört, und statt des beabsichtigten souveränen Gesamtwillens die Herrschaft eines einzelnen geschaffen werden.[1])

Die durch den Staatsvertrag geforderte Autonomie rechtlicher Gebote bleibt also dauernd abhängig von der Voraussetzung, dafs in ihnen die Rücksicht auf das gemeine Wohl zum Ausdruck kommt. Da ein Sonderwille niemals den gemeinen Willen darstellen kann, so soll die Staatsgewalt stets unveräufserlich und unteilbar der Gesamtheit der Staatsglieder zustehen, sie kann niemals dauernd in dem Willen eines Mannes aufgehen. Akte der Souveränetät sind nicht Konventionen zwischen einem Vorgesetzten und seinen Untergebenen, sondern Konventionen des Ganzen mit seinen Teilen. Sie sind gültig, weil ihre Basis der soziale Vertrag bildet, gerecht (équitable), weil sie für alle

[1]) Vergl. zu dem Obigen III, 16.

gemeinsam gelten, nützlich, weil sie kein anderes Objekt, als das gemeine Wohl haben können und dauerhaft (solide), weil sie durch die öffentliche Gewalt garantiert werden.[1])

Rousseau wendet sich in spezieller Polemik gegen die z. B. von *Grotius*[2]) vertretene Lehre von der Teilbarkeit der Souveränetät. Diejenigen, welche die Souveränetät in zwei von einander unabhängige Einzelgewalten, eine gesetzgebende und exekutive und die letztere dann wieder in eine Reihe von selbständigen Spezialbehörden für einzelne Teile der Verwaltung zerlegen, halten für Teile der Souveränetät, was in Wahrheit ihre „Emanationen" sind, d. h. Rechte, die einzelnen Personen oder Behörden zur Ausführung souveräner Willensakte verliehen sind.[3]) Die souveräne Gewalt selbst in ihrer Willenssphäre kann man unmöglich teilen, ohne sie zu zerstören.[4]) — Denn ihr Wille soll ein allgemeiner sein. Das Subjekt dieses Willens darf daher nur die Gesamtheit, nicht ein Teil des Volkes sein. Lediglich in dem ersteren Fall haben wir es mit einem Akt der Souveränetät oder einem Gesetz zu thuen. Der zweite stellt die Willensäufserung eines Gliedes der Gemeinschaft und sonach eines Sonderwillens dar: das ist ein Akt der Verwaltung oder ein Dekret.[5])

Beschränken sich damit die gesetzmäfsigen Funktionen der Staatsgewalt auf das Ressort der für alle Bürger gemeinsamen Interessen, so scheint wiederum die Konsequenz des Anarchismus geboten und jede Bindung der Bürger, die nicht mit dem von allen Gebilligten zusammenfällt, als ungültig deduziert. Das ist aber nicht der Sinn des sozialen Vertrages; denn dieser soll ja, wie bereits ausgeführt,[6]) die Gültigkeit von Mehrheitsbeschlüssen nach sich ziehen. Damit ein Wille allgemein sei, ist nicht Einstimmigkeit erforderlich. Der allgemeine Wille ist nur insofern der Wille aller, als vertragsmäfsig die Stimme eines jeden Bürgers befragt, niemand also formell ausgeschlossen werden soll, seinem Inhalt nach ist er der Wille der Mehrheit.[7])

Soll dieser Wille für das Verhalten der einzelnen ausschlaggebend sein, so mufs der Nachweis erbracht werden, dafs er die von den Bürgern vertragsmäfsig anerkannten Merkmale rechtlicher Normen trägt. Die Berechtigung des *Rousseau*'schen Majoritätsprinzips ist also bedingt durch die Deduktion, dafs der aus der

---

[1]) II, 1, 2, 4.
[2]) Vergl. a. a. O. I C. 3, 17.
[3]) II, 2.
[4]) III, 13.
[5]) II, 2.
[6]) Vergl. oben 111.
[7]) II, 2 Anm., II, 3.

Befragung aller Bürger sich ergebende Wille der Mehrheit wirklich eine Garantie dafür bietet, die dem gemeinen Wohl förderlichen Interessen zu vertreten. Wie ist es möglich, dafs dieser „Durchschnittswille“,[1] der durch leise Zahlschwankungen, rein numerische Zufälle bestimmt wird, den Charakter des unfehlbaren gemeinen Willens annimmt?

Rousseau sucht diese Frage zu beantworten. Sobald das souveräne Volk zu einem in Vorschlag gebrachten Gesetze Stellung nimmt, steht, genau genommen, nicht in Frage, ob die Gesamtheit es annehmen oder ablehnen will, sondern ob es dem gemeinen Willen entspricht oder nicht. Jeder äufsert durch Stimmabgabe seine Meinung hierüber. Aus dem „Kalkul der Stimmen“ resultiert die Erklärung des gemeinen Willens, weil bei der Vereinigung der einzelnen Willen die stärksten Gegensätze sich aufheben und daher als „somme des différences“ die übrigbleibende Meinung die der Gemeinschaft zuträglichsten Gesichtspunkte zum Worte kommen läfst. Die Vereinigung aller Interessen soll sich also durch Opposition gegen das eines jeden bilden.[2]

Der Sinn dieser Ausführungen ist nicht leicht zu ergründen. Wenn der Egoismus eines jeden nach Durchsetzung seiner Forderungen strebt, so kann doch aus dem Zusammenwirken der Einzelwillen in der Gesellschaft lediglich das hervortreten, was der Wertung der herrschenden, genauer: der numerisch stärkeren Klassen entspricht. Und wenn selbst die Bürger ihre Stimmen abgeben, nicht um das ihrer Selbstsucht Zusagende zu schaffen, sondern um ihre Ansicht in der Richtung des gemeinen Interesses abzugeben, — wo liegt die Gewifsheit, dafs gerade die Durchschnittsmeinung, der Wille der Hundert und nicht der Neunundneunzig der richtige und der Gemeinschaft förderliche ist?

Um diese Widersprüche zu heben, könnte man zunächst auf folgenden Ausweg verfallen. Wer nämlich etwas grobe Verallgemeinerungen nicht verschmäht, könnte zu *Rousseaus* Rechtfertigung die Lehre vertreten, dafs die extremsten politischen Ansichten dem Staatswohl am gefährlichsten sind, — entweder indem sie das Bestehende zu stark berücksichtigen und dadurch jeder heilbringenden und möglichen Reform einen Damm entgegensetzen oder indem sie dem anderen Extrem verfallen und die von ihnen geforderten Verbesserungen ohne Rücksicht auf das historisch Zulässige und Erreichbare realisieren wollen. Unter dieser Voraussetzung würde

[1] *Gierke,* Althusius S. 203.

[2] IV, 3; II, 3. Vergl. *Brockerhoff,* III, 122: „Der allgemeine Wille ist nicht wie der Wille aller ein blofses Aggregat von individuellen Willensbestimmungen, sondern das, was dem mannigfach nüanzierten Willen der einzelnen als gemeinsames inhäriert.“

allerdings der Durchschnittswille dem gemeinen Wohl am zuträglichsten sein! Sollte der Contrat social, dieses sogenannte Grundbuch der französischen Revolution, die Politik der Mittelparteien lehren?

Die nähere Überlegung zeigt, dafs eine andre — freilich nicht weniger wunderliche — Meinung jener Konstruktion zu Grunde liegt. „Wenn ein genügend unterrichtetes Volk — so fährt *Rousseau* in seinen Ausführungen fort — beratschlagte, und die Bürger unter sich keine engere Verbindung hätten, so würde immer aus der grofsen Zahl kleiner Differenzen der allgemeine Wille entspringen, und die Beratung würde immer gut sein. Sobald es aber Umtriebe giebt und Teilverbände auf Kosten der grofsen, so wird der Wille einer jeden solchen Vereinigung allgemein durch die Beziehungen zu seinen Gliedern, dem Staate gegenüber aber zu einem Sonderwillen. Dann gibt es nicht mehr so viel Stimmende, als Menschen, sondern lediglich so viel als Assoziationen. Die Differenzen werden weniger zahlreich und geben ein weniger allgemeines Resultat." Um eine wirkliche Aussage des Volkswillens zu erlangen, ist erforderlich, dafs keine Sonderverbände im Staate existieren, und dafs jeder Bürger nur seine — nicht die Ansicht einer Clique — äufsert (chaque citoyen n'opine que d'après lui).[1]

Dafs es sich hier nicht um einen gelegentlichen Gedanken handelt, zeigt seine Wiederkehr[2] in den „Betrachtungen über die Regierung Polens". *Rousseau* bezeichnet hier das Gesetz, insofern es ein Ausdruck des gemeinen Willens ist, als das Resultat aller Sonderinteressen, die kombiniert und durch ihre Menge ausgeglichen werden (le résultat de tous les intérêts particuliers combinés et balancés par leur multitudes). Sobald sich aber Korpsinteressen geltend machen, wird das Gleichgewicht gestört, da hier das Gewicht der zum Ausdruck gebrachten körperschaftlichen Interessen zu beträchtlich wird. Daher soll zwar jedes Individuum, aber keine Körperschaft im Staate Stimmrecht haben.[3]

Die hier vertretene Lehre ist *Rousseau* allein eigentümlich und hat in der Geschichte der Rechtsphilosophie kein Analogon. Wohl aber treffen wir in der Geschichte der politischen Ökonomie auf ähnliche Gedanken. *Rousseaus* Beleuchtung staatsphilosophischer

---

[1]) II, 3.

[2]) Vergl. auch Ec. polit. 282: „la volonté générale est toujours pour le bien commun; mais très-souvent il se fait une scission secrète, une confèderation tacite qui pour des vues particulières sait éluder la disposition naturelle de l'assemblée."

[3]) Bd. V, S. 262; ebenso 264: „les voix prises par masse et collectivement sont toujours moins directement à l'intérêt commun que prises ségrégativement par individu."

Erscheinungen wird nämlich in der bei den Physiokraten und namentlich Adam Smith beliebten Betrachtungsweise wirtschaftlicher Vorgänge höchst charakteristisch wieder aufgenommen. Beiden ist gemeinsam der Glaube, dafs der einzelne, ebenso wie die Gesamtheit, dem eigenen Besten am sichersten nachstreben, sofern ihrer Bewegung keine Schranken und künstliche Hemmnisse von aufsen entgegengebracht werden. In besonderer Anwendung dieses „freihändlerischen“ Standpunktes vertritt *Rousseau* die Meinung, dafs in einem Staate die einzelnen am besten reussieren und das der Gemeinschaft erspriefsliche Thun am leichtesten finden, wenn die natürlichen Gegensätze möglichst scharf und ohne Beeinflussung durch künstlich geschaffene Gegensätze — Kasten, Verbände, Stände — aufeinanderplatzen. Der „freien Konkurrenz“ werden also hier, wie dort, die gleichen segensreichen und, wie hinzuzusetzen ist, mystischen Wirkungen für das Heil der Gesamtheit zugeschrieben. Und dieses Vorurteil wird in beiden Fällen erklärt durch die idealste aller Voraussetzungen, dafs die Menschen vernunftgemäfs handeln.

Das heifst mit anderen Worten: Die Vereinigung aller Sonderwillen zu einem gemeinen Willen ist nur denkbar, sofern die einzelnen bei der Entscheidung über die für die Gemeinschaft gültigen Grundsätze von ihren Sonderinteressen abstrahieren und lediglich die gemeinen Interessen berücksichtigen. Damit ein Wille im Staate herrsche, dessen Ziel die Erhaltung und das Wohl aller ist, müssen nicht blofs Fraktionen innerhalb der Gesellschaft ohne Einflufs auf das Ganze bleiben, sondern der einzelne Staatsbürger darf ebenfalls Sonderinteressen nicht nachgehen.[1])

VI.

Dafs es sich hierbei um ein ideales Prinzip handelt, ist *Rousseau* nicht entgangen. Freilich kann der Schein der entgegengesetzten Meinung entstehen. So wenn *Rousseau* erklärt, der Souverän könne keine der Bürgerschaft nachteiligen Interessen vertreten, da er ja durch die Vereinigung aller Bürger entstehe[2]) oder er könne nach dem Gesetze der Vernunft den Unterthanen keine Ketten auflegen, die der Gemeinheit nicht von Nutzen sind.[3]) Die naheliegende Ausdeutung dieser Sätze dahin, dafs sich die gemeinen Interessen in einem Staate mit unfehlbarer Sicherheit und gar begriffsnotwendig geltend machen, würde aber den Sinn der Lehren *Rousseaus* durchaus verfehlen. Denn Souveränetät ist ja nicht die

---

[1]) IV, 1.
[2]) I, 7.
[3]) II, 4.

Gesamtheit der Bürger, in ihrer Wirklichkeit als eine von kurzsichtigen Leidenschaften getriebene Volksmenge aufgefafst, vielmehr die durch den gemeinen Willen geleitete Staatsmacht.[1]) *Rousseau* nimmt also in den Begriff der Souveränetät jenes ideale Merkmal: die Rücksicht auf das gemeine Wohl auf — kein Wunder, dafs unter dieser Voraussetzung die souveräne Gewalt jederzeit der Gesamtheit dient.[2])

Ein völlig geändertes Bild erhalten wir, sobald *Rousseau* nach der Entwicklung der Eigentümlichkeiten, die der Souveränetät und dem gemeinen Willen zukommen sollen, die Möglichkeit von Souveränetätsakten oder Gesetzen in der Welt der Wirklichkeit untersucht. Hier tritt ein Faktor auf, der bisher sorgsam ausgeschaltet war, jetzt aber wo die Ausführung der idealen Rechtsmafsstäbe in Frage steht, Berücksichtigung fordert: die Menschen. Hatte *Rousseau* dort scharfe und sichere Prinzipien aufgestellt, als wenn es sich um die Errichtung eines Gebäudes aus Holz, nicht aus Menschen handelte,[3]) — so erscheinen hier vor seinem erfahrungsreichen Auge Dummheit und Leidenschaften der Menschen mit solcher Schärfe, dafs er bei jedem Schritt die Idealität seiner Grundlagen zugeben mufs.

Ein Teil dieser Schwierigkeiten steht im Zusammenhang mit der Begriffsbestimmung des „Gesetzes". Hierunter versteht *Rousseau*, wie bereits betont, nicht jedes Gebot der Staatsgewalt, sondern nur jede „authentische Erklärung des gemeinen Willens".[4]) Gesetz ist „eine öffentliche und feierliche Erklärung des Gesamtwillens über einen Gegenstand von allgemeinem Interesse. Ich sage: von allgemeinem Interesse; denn das Gesetz würde seine Kraft verlieren und aufhören, gesetzmäfsig zu sein, wenn sein Gegenstand nicht für alle von Bedeutung wäre."[5]) — Aus dieser Definition folgt zunächst, dafs ein Gesetz niemals ein „objet particulier" haben darf. Sein Wert liegt in der Abwendung von

---

[1]) II, 4: „c'est ce . . pouvoir qui dirigé par la volonté générale porte le nom de souveraineté."

[2]) Vergl. auch oben 108.

[3]) Im Emile beendigt *Rousseau* die Darstellung der Prinzipien des Contrat social mit den Worten: „je ne serois pas étonné qu'au milieu de tous nos raisonnements mon jeune homme . . me dît en m'interrompant: On diroit que nous bâtissons notre édifice avec du bois, et non avec des hommes, tant nous alignons exactement chaque pièce à la règle! — Il est vrai, mon ami; mais songez que le droit ne se plie point aux passions des hommes et qu'il s'agissoit entre nous d'établir d'abord les vrais principes du droit politique. A présent que nos fondemens sont posés, venez examiner ce que les hommes ont bâti dessus, et vous verrez de belles choses!" Livr. V, Werke II S. 439.

[4]) III, 12.

[5]) Briefe vom Berge, VI, Werke III, S. 203.

dem Einzelinteresse, in seiner Gattungsnatur. Es betrachtet die Unterthanen „en corps“ und die Handlungen abstrakt, niemals einen Menschen als dieses Individuum, niemals einen Vorgang nach anderen als generellen Merkmalen. Daher darf das Gesetz auch kein Erzeugnis des Einzelwillens sein. Es enthält die „Lebensbedingungen der bürgerlichen Vereinigung“, diejenigen Regeln also, die für alle gelten und dementsprechend von allen ausgehen sollten. Denn es erscheint billig, dafs diejenigen, die sich zu einer Gemeinschaft zusammenthun, auch die Bedingungen festsetzen, unter denen sie leben wollen: „le peuple soumis aux loix en doit être l'auteur.“ [1])

Dies aber ist unmöglich.[2]) Das Volk ist eine blinde Menge, die selten weifs, was ihr dienlich ist und über gegenwärtigen Vorteilen die versteckten, zukünftig drohenden Gefahren übersieht. Wer zeigt ihm den richtigen Weg, wer leitet seine Blicke so, dafs es über die Gegenwart hinausschauen kann, wer schützt es vor der Verführung durch Sonderinteressen? Damit ist die Lehre von der Harmonie der Volksinteressen aufgegeben — „der gemeine Wille ist immer gerecht, aber das Urteil, das ihn leitet, ist nicht immer erleuchtet“ — und die Notwendigkeit einer über diesen stehenden „öffentlichen Vernunft“ erkannt. Das Werkzeug dieser erhabenen Mission ist die Person des G e s e t z g e b e r s.[1]) Rekapitulieren wir das Gewonnene, so zeigt sich ein unversönlicher Gegensatz zwischen den Voraussetzungen des Contrat social und den Konsequenzen, zu denen er führt. Die Voraussetzungen bestanden in der Annahme, dafs die rechtliche Abhängigkeit im Einklang zu erhalten sei mit dem Interesse der einzelnen, und dafs ein Konflikt zwischen diesen Einzelinteressen und dem Gesamtwohl bei richtiger Betrachtung ausgeschlossen sei. Beides sollte der Fall sein bei einem Rechtsideal nach Mafsgabe des sozialen Vertrages. Die Ausgestaltung dieses Ideals führte aber gerade umgekehrt zu der Forderung, bei der Bemessung der rechtlichen Herrschaftsverhältnisse von allem zu a b s t r a h i e r e n, was dem Nutzen des einzelnen entspreche: sie trägt also ein antiindividualistisches Gepräge, insofern es sich um die dem Rechtsideal wesentlichen Funktionen der „volonté générale“, die Gesetze, handelt. Auch *Rousseau* kommt dieses Dilemma zum Bewufstsein. Aber es veranlafst ihn nicht zum Aufgeben des utilistischen Ausgangspunktes, sondern lediglich zur Bewunderung jener altruistischen Konsequenzen. Ihm erscheint das Gesetz geradezu als „Wunder“. Er nennt es „die erhabenste aller menschlichen

---

[1]) II, 6.

[2]) Daraus ergibt sich, dafs *R.* die angeführten Merkmale des Gesetzes lediglich als i d e a l e Mafsstäbe auffafst.

Institutionen, oder vielmehr eine himmlische Inspiration, die die Menschen lehrt, auf Erden die unwandelbaren Beschlüsse der Gottheit nachzuahmen."[1]) Infolge dieser Glorifizierung des Gesetzes weifs sich *Rousseau* auf keine andere Weise zu helfen, als dafs er „gleich einem deus ex machina die aufserordentliche Erscheinung des Gesetzgebers zu Hilfe ruft."[2])

Hier kehren indes die gleichen Schwierigkeiten wieder. Ein Gesetzgeber, der seiner Aufgabe gerecht werden könnte, müfste eine erhabene und göttliche Natur sein. Denn es ist einerseits notwendig, dafs er die Natur und Leidenschaften der Menschen kennt, da ja ihrer Regelung die Gesetze dienen sollen, und andrerseits durch keine Sonderinteressen verführt wird: denn das Gesetz soll ja der Selbstsucht keines einzelnen huldigen.

Dazu kommt ein Weiteres. Das gesellschaftliche Leben und der durch dieses geforderte Zwang sind den ursprünglichen Attributen der Menschen durchaus fremd. Das in sich geschlossene und selbständige Individuum soll durch das Recht zu dem Teil eines Ganzen werden, von dem es abhängt. Daher mufs der Gesetzgeber gleichsam die menschliche Natur ändern: er mufs die eignen Kräfte des Individuums vernichten und ihm neue geben, deren es aber nur im Verein mit anderen geniefsen kann.

Was aber vollends die Erziehung des Menschen zur sozialen Gemeinschaft erschwert, ist die Thatsache, dafs ja nur der gemeine Wille den einzelnen gegenüber verpflichtende Kraft besitzt. Das will sagen, dafs der Gesetzgeber niemals legislative Rechte haben kann, sondern nur die Gesetze des Volks „redigieren" darf. Das Volk aber wird kaum andere Pläne der Regierung oder des Gesetzgebers gutheifsen, als solche, die sich seinen Sonderinteressen anpassen. Es wird wohl die fortdauernden Entbehrungen, die gerade gute Gesetze auferlegen, kaum aber die aus ihnen resultierenden Vorteile gewahr werden. Das Volk ist also unreif für eine gute Gesetzgebung. Damit es für sie Verständnis habe, mufs die Wirkung Ursache sein: der „soziale Geist", der die Folgeerscheinung der Gesetze sein soll, mufs bei ihrer Erzeugung schon existieren, die Menschen müssen schon vor den Gesetzen das sein, was sie durch die Gesetze werden sollen.

Es besteht also die Gefahr, dafs der Gesetzgeber die Menge nicht durch Vernunft gewinnen kann: „les vues trop générales et les objets trop éloignés sont également hors de sa portée" — andrerseits ist ihm auch niemals gestattet, Gewalt anzuwenden, da

---

[1]) Ec. polit. 283.

[2]) *Feuerlein* in der Zeitschrift „Der Gedanke" III, 221.

ja die Gesetze „régistres de nos volontés“ [1]) sein sollen. So bleibt kein andrer Ausweg als eine Autorität höherer Ordnung, die das Volk ohne Gewalt gewinnt und überreden kann, auch ohne es zu überzeugen.

Daher sind die „Väter der Nationen“ stets genötigt gewesen, die Intervention des Himmels anzurufen: den Unsterblichen hat der Gesetzgeber seine Worte in den Mund gelegt, damit die göttliche Autorität das erreiche, was der menschlichen Klugheit nicht gelingt. So dient die Religion in den Anfängen der Völker der Politik zum Werkzeug. [2])

Das ist der Weg vom Ideal zur Wirklichkeit. Man wird zugeben müssen, dafs kaum striktere Gegensätze zu denken sind. Dort die Erkenntnis, dafs die Gesamtheit des Volkes die ihr zuträglichen Handlungsweisen auf rein natürlichem Wege durch die Bilanz der Stimmen zu finden imstande sei, und zwischen dem Gesamtwohl und den Interessen der einzelnen ernsthafte Konflikte ausgeschlossen sind — hier das resignierte Zugeständnis, dafs jene in thesi bestehende Harmonie in der Wirklichkeit an der Thatsache scheitert, dafs die Menschen bei ihren Entschlüssen der Vernunft nur wenig, desto gröfseren Raum aber Affekten gewähren, und dafs infolge dessen das souveräne Volk eines erleuchteten Führers, ja der Gottheit, bedarf, um zu guten Gesetzen zu gelangen.

Trotz des in diesen Gedanken niedergelegten Mifstrauens gegen den Verstand und die staatspolitischen Fähigkeiten der Menge bleibt *Rousseau* aber bei seinen Grundgedanken stehen, ohne zu Konzessionen und Kompromissen seine Zuflucht zu nehmen. Dagegen zeigt er, welche Vorbedingungen ein Volk für das Ideal des Contrat social geeignet machen können. Reif für eine Gesetzgebung scheint ihm ein Volk zu sein, das das Joch der Gesetze noch nicht kennt, aber bereits in einer festen — natürlichen oder konventionellen — Verbindung unter einander steht: es soll die Konsistenz eines alten und die Gelehrigkeit eines jungen Volkes besitzen. [3]) Eine Gesetzgebung wird weniger durch das, was sie zu errichten, als das, was sie zu zerstören hat, erschwert. Daher soll sie in möglichstem Zusammenhang bleiben mit den lokalen Gewohnheiten und partikulären Sitten eines Landes: denn hier ruht die eigentliche Stärke und festeste Grundlage eines Staatswesens. Es wird sich also hier, wie allenthalben in sozialen Dingen, um das schwierige Problem handeln, den zwischen natürlichen und politischen Faktoren bestehenden Zwiespalt nach Möglichkeit

---

1) II, 6.

2) II, 7. Vergl. auch Discours S. 121.

3) II, 10.

auszugleichen und „die Einfachheit der Natur den Bedürfnissen der Gesellschaft anzupassen.“ [1]

Mag aber auch die Aufgabe der Gesetzgebung noch so erhaben und bedeutungsreich sein, niemals darf das Volk seiner souveränen Rechte entkleidet werden. Daher ist *Rousseau* ein prinzipieller Gegner des Repräsentativsystems. Sobald ein Volk Vertreter ernennt, die an seiner Stelle die gesetzgebende Macht ausüben, hat es seine Freiheit unwiederbringlich verloren. Denn die Souveränetät läfst sich ebensowenig repräsentieren, wie veräufsern. Die Volksdeputierten sollen daher nicht Repräsentanten, sondern einfache Beauftragte (commissaires) des Volkes sein. Sie dürfen mit anderen Worten nichts definitiv beschliefsen. Jedes Gesetz, das das Volk nicht in Person genehmigt, ist nichtig. Nicht als wenn derartige Volksversammlungen — deren Möglichkeit die Erfahrung des Altertums, wie allgemein der Anfänge einer Nation, beweisen — eine Sicherheit dafür böten, dafs Entscheidungen im Sinne des gemeinen Willens getroffen würden, da ja das Volk eine blinde und leicht zu verführende Menge ist — wohl aber weil anderenfalls das Volk in hilflose Abhängigkeit von seinen Vertretern gerät und nicht imstande ist, gegen Mifsbräuche und Entartung anzukämpfen. Es ist zweifellos, dafs *Rousseau* gerade infolge der Genfer Wirren die Bedeutung und den Wert der gesetzgebenden Thätigkeit des Volkes besonders hervorgehoben hat.[3] Denn jene Erfahrungen zeigten ihm zur Genüge, was aus den Rechten des Volkes wurde, sobald seine Beauftragten Selbständigkeit erlangten. Um dieser Mifswirtschaft entgegenzutreten, trieb sein reformierendes Streben naturgemäfs zu einer Betonung der Gerechtsame des Volkes in ihrer verfassungsgemäfsen Reinheit.

Im übrigen, d. h. abgesehen von diesem realpolitischen Gesichtspunkt, hat sich *Rousseau* auch hier den Gegensatz zwischen Ideal und Wirklichkeit zum Bewufstsein gebracht. So erkennt er selbst in dem Contrat social trotz der scharfen theoretischen Ablehnung repräsentativer Staatssysteme an, dafs unter den modernen Staaten die meisten in der unglücklichen Lage sind, nicht mehr frei sein zu können,[4] und kommt selbst zu dem Resultat, dafs das Ideal der selbstthätigen Ausübung der

---

1) II, 10 und 12.

2) III, 15.

3) Vergl. III, 12—15.

4) Die gleiche Ansicht vertreten die Considerations V, 257: „Un des plus grands inconvéniens des grands Etats, celui de tous qui y rend la liberté plus difficile à conserver, est que la puissance législative ne peut s'y montrer elle-même et ne peut agir que par députation.“

Souveränetät nur noch für kleine Staaten zu verwirklichen ist: „tout bien examiné je ne vois pas qu'il soit désormais possible au souverain de conserver parmi nous l'exercice de ses droits si la cité n'est très-petite.“ [1])

Noch skeptischer drückt er sich in der Economie politique aus. Hier weist er das Mittel, durch Volksversammlungen eine Entscheidung des allgemeinen Willens zu erzielen, geradezu zurück. Denn einmal versage dieses Mittel bei einem grofsen Volk und sei zudem selten notwendig, wenn die Regierung wohlgesinnt sei. Schliefslich aber habe man nicht einmal eine Garantie dafür, dafs die Gesamtheit des Volkes wirklich einen Beschlufs des gemeinen Willens d. h. den für die Gemeinschaft nützlichen fasse! [2])

Man kann daher den Standpunkt *Rousseaus* in dieser Frage unter Berücksichtigung der angegebenen Momente dahin zusammenfassen: Während das gesetzliche Ideal eine Mitwirkung der Gesamtmasse des Volkes bei Abfassung der Gesetze schlechterdings fordert, ist diese Mitwirkung faktisch nur möglich bei einem kleinen Gemeinwesen und zudem entbehrlich, sofern die gesetzgebenden Faktoren das Wohl des Volkes, nicht ihren eigenen Vorteil verfolgen. *Rousseau* verschliefst sich also keineswegs der Erkenntnis, dafs der einfache Apparat der antiken und ursprünglichen Schweizer Stadt-Staaten für die moderne Entwicklung unzulänglich ist, empfindet aber angesichts der in Genf (und noch vielmehr in Frankreich) erlebten Ausbeutung des Volks durch seine „Anführer“ eine begreifliche Sehnsucht nach einfachen und dem Rechtsideal entsprechenden Verhältnissen. Daher sein Schwanken und seine Widersprüche, daher der scharfe und von ihm zumeist empfundene Kontrast zwischen der Welt der Wirklichkeit und seiner Ideale.

§ 3.

Die Ziele der Gesetzgebung. Vom Eigentum insonderheit.

Die Aufgabe der Gesetze besteht, wie die des Rechts überhaupt, in dem Schutz der drei menschlichen Kardinalgüter: Freiheit, Leben und Eigentum.

Die Möglichkeit eines Einklangs zwischen Freiheit und Staatszwang ist bereits dargethan. Dagegen bedarf es noch einer Untersuchung, ob die Zwecke der Gemeinschaft eine Kollision mit den beiden anderen Gütern herbeiführen können, und welche Grundsätze hierfür mafsgebend sein sollen?

---

[1]) III, 15.

[2]) Ec. polit. 285.

I.

Wenn die einzelnen ihre Schwäche dem Schutz der öffentlichen Gewalt anvertrauen, so ist selbstverständlich, dafs sie zum Ersatz für ihre Dienste Förderung, nicht Vernichtung ihrer Interessen anstreben. Daher kann der Satz, „Einer sterbe für alle" zu bewundern sein bei einem Patrioten, der sich freiwillig und aus Pflichtgefühl dem Vaterlande opfert, niemals aber eine Staatsmaxime in dem Sinne werden, dafs ein Unschuldiger zum Wohle der Menge geopfert werden darf.[1])

Ein ganz anderer Thatbestand liegt vor, sobald er sich um ein unverbesserliches und für den Bestand der bürgerlichen Gemeinsbhaft direkt lebensgefährliches Glied handelt. Hier mufs allerdings der Staatsgewalt ein Recht über Leben und Tod zuerkannt werden. Freilich kann die Berechtigung der Todesstrafe nicht etwa aus dem Einverständnis des Delinquenten hergeleitet und etwa argumentiert werden, dafs bei Abschlufs des sozialen Vertrages jeder, um nicht das Opfer eines Strafsenräubers zu werden, einwillige zu sterben, falls er selbst ein solcher werden sollte! — Denn man könne nicht annehmen, dafs die einzelnen, die bei jenem Vertrage zu Gunsten ihres Lebens verfügen, im voraus bedenken, dafs sie sich selbst dadurch möglicherweise an den Galgen bringen. Vielmehr liegt nach *Rousseau* die Gültigkeit der Todesstrafe darin, dafs der Verbrecher als Vaterlandsverräter friedlos wird und als Feind, nicht als Bürger stirbt. Prozefs und Urteil sind als Beweissstücke und Erklärung aufzufassen, dafs er den sozialen Vertrag gebrochen hat und folglich nicht mehr Mitglied des Staates ist. Seine Hinrichtung soll aber niemals zur Abschreckung anderer, sondern nur dann erfolgen, wenn seine Erhaltung ohne Gefahr für den Staat nicht zu bewirken ist.[2])

II.

Viel bedeutsamer ist die Erörterung der Frage, welche Stellung dem Eigentum in dem Rechtssystem des sozialen Vertrages zukommt. Dieses ist für *Rousseau* nicht, wie bei *Hobbes*, eine

[1]) Ec. polit. 289.

[2]) II, 5. In diesen Ausführungen eine eigentliche „Strafrechtstheorie" zu erblicken (*Richard Schmidt*, Die Aufgaben der Strafrechtspflege, Leipzig 1895, S. 16), scheint mir übertrieben. Übrigens läfst sich die Zahl derartiger gelegentlicher Reflexionen über die Strafe noch um die folgenden zwei vermehren: „Die Strafe wird durch die öffentliche Sicherheit gefordert. Diese heischt notwendig ‚reparation et punition' für das durch das Verbrechen den Menschen zugefügte Übel," Briefe vom Berge V, Werke VI S. 183, ebd. S. 104: „Der Rückfall verdient eine strengere Behandlung. Weshalb? Die Mittel und Wege, den Rückfälligen zur Pflicht zurückzuleiten, sind viel schwerer."

blofse Schöpfung des Staats, eine Einrichtung, die durch den Souverän geschaffen ist und in ihrer Bedeutung durch ihn jederzeit vernichtet werden kann, — es geht vielmehr dem Staate voraus und ist die wichtigste Triebkraft für die soziale Ordnung.[1])

Mit seiner Entstehung ist jener fieberhafte Wettbewerb, jene Sturm- und Drangperiode der Menschheit in die Welt gekommen, deren Folgen die natürliche Freiheit unmöglich und die Herrschaft einer Staatsgewalt notwendig gemacht haben. Daher ist das Eigentum der eigentliche Grundpfeiler des Staates, sein Schutz soll das Hauptaugenmerk aller gesetzlichen Bestimmungen sein. „Es steht fest, dafs das Eigentum das heiligste aller Bürgerrechte ist, wichtiger in gewisser Hinsicht, als die Freiheit, sei es weil von ihm die Erhaltung des Lebens in höherem Mafse abhängt, sei es weil Güter leichter zu entreifsen und schwerer zu verteidigen sind als die Person, und man daher das höher schätzen soll, was leichter zu rauben ist, sei es endlich weil das Eigentum die wahre Grundlage der bürgerlichen Gesellschaft und der wahre Bürge der Verpflichtungen der Bürger ist.“[2])

Andrerseits steht fest, dafs die Erhaltung des Staates Aufwand und Kosten erfordert. Es entsteht daher die Frage, wie man für die öffentlichen Bedürfnisse des Staates sorgen kann, ohne das Privateigentum anzutasten. *Rousseau* deduziert auch hier aus dem Endzweck der bürgerlichen Gesellschaft. Wer mit diesem einverstanden ist, darf die zu seiner Erhaltung erforderlichen Mittel nicht ablehnen. Der Staat soll Güter, Leben und Freiheit der Bürger durch gemeinsamen Schutz sichern. Da dies ohne Ausgaben nicht möglich ist, werden die notwendigen Staatslasten von den einzelnen zu Recht eingetrieben, sofern sie nicht deren wirtschaftliche Kräfte übersteigen. Und der gleiche Rechtfertigungsgrund gilt für die gesamten Vorschriften der Eigentums- und Erbfolgeordnung. Denn man kann nicht das Eigentum einzelner, und damit der Gesamtheit, schützen, ohne andere in der Verfügung über ihr Eigentum durch

---

[1]) Ec. polit. 279.

[2]) Ec. polit. 293, 294. *Dietzel,* Beiträge zur Geschichte des Sozialismus und Kommunismus in der Zeitschrift f. Geschichte u. Literatur der Staatswissenschaften Bd. I (1895) ist ein typisches Beispiel für die unkritische und phantastische Art, mit der die Ansichten *Rousseaus* über das Eigentum behandelt werden. Er bezeichnet *Rousseaus* Sozialphilosophie S. 25 als antiindividualistischen, platonischen Kollektivismus. *R.* negiert nach ihm das Eigentum an sich (!), „weil er die Souveränetät des Individuums negiert (!), weil ihm das Individuum nur Mittel einer Idee ist, deren Verwirklichung durch die Zulassung des Sondereigentums gefährdet werde.“ Das sind billige Behauptungen! Ein Beweis hierfür wird aus *Rousseaus* Schriften niemals zu erbringen sein.

Aufstellung fester Rechtsgrundsätze einzuengen. Ebenso verteidigt *Rousseau* die Vererblichkeit der Güter mit Rücksicht auf das gemeine Wohl. Nichts sei den Sitten und dem Staat so verhängnisvoll, wie ein ständiger Wechsel in den Vermögensverhältnissen der Bürger: Veränderungen, die das Zeichen und die Quelle von tausend Unruhen sind, „par lesquels ceux qui sont élevés pour une chose se trouvant destinés pour une autre ni ceux qui montent ni ceux qui descendent ne peuvent prendre les maximes ni les lumières convenables à leur nouvel état et beaucoup moins en remplir les devoirs."[1])

Diese Ausführungen sollen den Nachweis erbringen, in welcher vorsichtigen und für unsre Begriffe seltsamen Weise *Rousseau* der Staatsgewalt Rechte über Vermögen und Eigentum der Bürger zuteilt.

Aber wiederum kann, wie oftmals, die entgegengesetzte Meinung aus *Rousseaus* eigenen Worten abgeleitet werden. So wenn er im Contrat social den Staat als Herrn über alle Güter seiner Unterthanen bezeichnet oder ausdrücklich erklärt, dafs das Recht, das der einzelne an seinem Grund und Boden hat, stets dem Recht, das der Gesamtheit über alle zusteht, untergeordnet ist.[2]) Gewifs können diese Wendungen, aus ihrem Zusammenhang herausgerissen, antiindividualistisch interpretiert werden, als wenn hier das Privateigentum nach Existenz und Bestand der Staatswillkür anheimgestellt werde. Wenn man indes die ausführlichen Deduktionen der Economie politique, sowie bedenkt, dafs *Rousseau* in dem gleichen Kapitel, in dem jene scheinbar antiindividualistische Lehre aufgestellt wird, den Satz aufstellt, dafs die Gemeinschaft die einzelnen ihrer Güter nicht beraubt, vielmehr gerade in ihrem legitimen Besitz sichert,[2]) — so wird man jener Auslegung die Berechtigung versagen müssen, um so mehr, als sie ohne Künsteleien einer widerspruchslosen zu weichen vermag. Denn der Gedanke, dafs das Recht der Staatsgewalt, wie überhaupt, so auch hinsichtlich des Eigentums dem Recht des einzelnen überlegen ist, bedeutet ja nicht den Terrorismus einer fremden Gewalt, sondern die autonome Herrschaft des gemeinen Willens gegenüber den Sonderwillen. Mit anderen Worten: der Staat darf das Eigentum der Unterthanen angreifen, sofern das Wohl der Gesamtheit es verlangt, sobald es sich also um ein evidentes und von der Mehrheit der Stimmen anerkanntes öffentliches Bedürfnis handelt. Unter dieser Voraussetzung kann er sein Eigen-

[1]) Ec. polit. 294.
[2]) I, 9.

tum durch Steuern oder auf dem Wege der Expropriation verkürzen.[1]) „Der Souverän hat nicht das Recht, nach dem Gute eines oder mehrerer zu greifen, aber er kann gesetzmäſsig sich das Gut aller verschaffen.“ [2])

Das sind, wie man sieht, Lehren, die durchaus auf dem Boden der bisher besprochenen individualistischen Anschauungen stehen. Es bleibt also dabei, daſs die Auffassung *Rousseaus* nicht in einer Verdrängung des Eigentums durch staatliche Suprematie gipfelt, vielmehr gerade den Staat zu einem zum Schutze des Eigentums bestimmten Werkzeug macht. Ja noch mehr, diese Gedanken setzen uns zugleich in den Stand, die Invektiven des Diskurses gegen das Eigentum zu begreifen. Sobald man dem Privateigentum eine centrale Rolle innerhalb eines Rechtssystems anweist, übernimmt man die Verpflichtung, klarzulegen, weshalb denn Ruhe und Sicherheit der Menschen, deren Erhaltung das Bestehen der Staaten rechtfertigen soll, von jener Institution in ausschlaggebender Weise abhängen. Dies geschieht durch den Nachweis, daſs das Eigentum mit Notwendigkeit Unruhen und Gefahren für den einzelnen heraufbeschwört und infolge dessen das Verlangen nach einer rechtlichen, zum Schutze aller bestimmten Macht erzeugt und begreiflich macht. Zwischen der „Heiligkeit des Eigentums“ als rechtlich geschützter Einrichtung und den unheilvollen Konsequenzen einer Eigentums- — besser Besitzordnung innerhalb des Naturzustandes, zwischen den Lobpreisungen der Economie politique und den Angriffen des Diskurses besteht also unter dieser Voraussetzung kein Gegensatz, sondern ein logisch gegründeter Zusammenhang.

III.

Freilich ist das nicht der einzige Grund, weshalb *Rousseau* den Politiker warnend auf das Eigentum verweist. Auch innerhalb des

---

[1]) Vergl. hierzu Ec. polit. 299: „Man muſs sich daran erinnern, daſs das Eigentum die Grundlage des sozialen Vertrages ist, dessen erste Bedingung ist, daſs jeder in dem ruhigen Genusse des ihm gehörenden erhalten wird. Freilich verpflichtet sich durch den gleichen Vertrag jeder, wenigstens stillschweigend, dazu, für die öffentlichen Bedürfnisse beizusteuern. Aber diese Verpflichtung darf dem Grundgesetz nicht entgegenstehen und setzt daher ein von den Steuerpflichtigen anerkanntes, evidentes Bedürfnis voraus. Um legitim zu sein, muſs eine Auflage also freiwillig übernommen sein: hierbei handelt es sich allerdings nicht um das Einverständnis eines Sonderwillens, als wenn die Bestimmung von der Einwilligung eines jeden Bürgers abhängig wäre und nicht weiter reiche als einem jeden passe, sondern um die Einwilligung des gemeinen Willens nach Maſsgabe der Stimmenmehrheit und eines proportionellen Tarifs, der der Auflage jede Willkür nimmt.“

[2]) Emile V, Werke Bd. 2 S. 433.

Rechtslebens kann die Entwicklung des Eigentums zur Entartung, ja zur Gefährdung staatlicher Ordnung führen. Nicht dem Prinzip des Privateigentums, wohl aber seiner Überspannung und ungesunden Ausgestaltung brachte *Rousseau* intensives Mifstrauen entgegen. Die Verwirklichung seines Staatsideals ruhte auf der Möglichkeit gemeinsamer Interessen für alle Unterthanen: daher erschien gerade die Existenz scharfer wirtschaftlicher Gegensätze als das stärkste Hindernis für das Gedeihen und die Lebensfähigkeit eines Gemeinwesens. Mit kassandrischem Blick erkannte *Rousseau* die Gefahren der immer weiter um sich greifenden ökonomischen Zerklüftung und wurde nicht müde, mit der ganzen Wucht seiner Leidenschaft auf diesen Krebsschaden der politischen Entwicklung hinzuweisen. Sobald in einem Staate einer Klasse von Besitzenden eine Schar von Besitzlosen gegenübersteht, ist sein Bestand, wie seine Sicherheit unvermeidlich unterhöhlt. An die Stelle von Gemeinsinn und Vaterlandsliebe treten Gleichgültigkeit gegen öffentliche Angelegenheiten und ein ständig wachsender Hafs der Bürger untereinander. Schliefslich bildet sich bei zunehmender Stärke der Gegensätze notwendig ein Zustand heraus, bei dem die Gesetze wirkungslos werden. Ihre Kraft versagt gleichmäfsig gegenüber den Schätzen des Reichen, wie dem Elend des Armen: jener verlacht sie, dieser entwischt ihnen; der eine durchbricht das Gewebe, der andere schlüpft durch. „Es gehört daher zu den bedeutsamsten Pflichten der Regierung, der extremen Ungleichheit der Glücksgüter entgegenzusteuern, nicht dadurch, dafs sie den Besitzenden ihre Schätze raubt, sondern indem sie allen die Mittel nimmt, Schätze anzuhäufen, nicht dadurch, dafs sie Hospitäler für die Armen baut, sondern indem sie die Bürger davor bewahrt, arm zu werden.“ [1])

In dem Contrat social wird die gleiche Forderung aus dem Endzweck der Gesetze deduziert. „Freiheit“ und „Gleichheit“ sollen die beiden Angelpunkte jedes Systems der Gesetzgebung sein, denn hier liegen die Wurzeln seiner Kraft. Bricht man das erste Prinzip und löst die mit der Freiheit harmonierende unpersönliche Herrschaft der Gesetze durch irgend welche Sonderabhängigkeit ab, so ist klar, dafs man damit dem Staatsganzen ebensoviel Kraft entzieht. Eine Vorbedingung dieser Freiheit von persönlicher Willkür ist aber das zweite Prinzip: die Gleichheit. Zwar kann niemals die Aufgabe der Gesetze darin bestehen, die Unterschiede von Macht und Reichtum auszulöschen, aber ihre

---

[1]) Ec. polit. 290, 291.

Aufmerksamkeit soll stets auf die Erhaltung eines Zustandes gerichtet sein, bei dem weder die Macht zur Willkür ausartet, noch die wirtschaftliche Ungleichheit zur Bestechung auf der einen, zur Käuflichkeit auf der anderen Seite führt. „Wollt Ihr dem Staate also Konsistenz geben, so gleicht die extremen Unterschiede soviel als möglich aus: duldet weder Millionäre noch Bettler!"[1])

Dabei verschliefst sich *Rousseau* nicht der tiefen Einsicht, dafs es sich hier um eine — kantisch gesprochen — unendliche Aufgabe handelt. Die Kraft der Dinge hat ständig die Tendenz, die Gleichheit zu zerstören, — die Kraft der Gesetzgebung aber soll ständig dahin streben, sie aufrecht zu erhalten.[2]) Der soziale Vertrag soll an die Stelle der physischen Ungleichheit, die die Natur unter den Menschen eingerichtet hat, eine moralische und gesetzmäfsige Gleichheit setzen: vor dem Forum des Rechts sollen die an Kraft oder Geist Ungleichen gleich werden.[3])

Genügt das Recht diesem Mafsstab, so sind seine Bestimmungen nicht blofs gerechtfertigt vor der menschlichen Vernunft und gültig, sondern zugleich als wahre Verbesserung und Vertiefung des menschlichen Lebens aufzufassen. Denn durch das Recht wird der Mensch aus einem stupiden und bornierten tierischen Geschöpf (animal) ein intelligentes Wesen, kurz: ein Mensch.[4])

§ 4.
Die Regierungsphilosophie.

I.

Wie jede freie Handlung durch zwei konkurrierende Vorgänge verursacht wird, den Willen und die Fähigkeit der Ausführung, so

[1]) II, 11.

[2]) II, 11. *Klöppel* a. a. O. S. 38 führt auf *Aristoteles* die Einsicht zurück, dafs die Rechtsordnung in eine gegebene Ungleichheit eine gewisse Gleichheit hineinbringt, und meint, dafs dieser Gedanke, weiter verfolgt, die Ausgangsstelle für eine der naturrechtlichen entgegengesetzte Auffassung hätte werden müssen. — Wie das Zitat zeigt, vertritt *R.* genau die gleiche Ansicht.

[3]) „Je terminerai ce chapitre et ce livre par une remarque qui doit servir de base à tout le système social; c'est qu'au lieu de détruire l'égalité naturelle le pacte fondamental substitue au contraire une égalité morale et légitime à ce que la nature avait pu mettre d'inégalité physique entre les hommes et que pouvant être inégaux en force ou en génie, ils deviennent tous égaux par convention et de droit." I, 9.

[4]) I, 8: De l'état civil: . . „si les abus de cette nouvelle condition ne le dégradaient souvent au-dessous de cette dont il est sorti, il devrait bénir sans cesse l'instant heureux qui l'en arracha pour jamais et qui d'un animal stupide et borné, fit un être intelligent et un homme."

wird auch der Staat durch zwei Triebkräfte bestimmt. Dem Willen entspricht die gesetzgebende, der physischen Macht die ausführende Gewalt. Da der Charakter der Letzteren in einzelnen Akten besteht, also nicht zum Ressort der Gesetze gehört, so kann sie nach der angegebenen Bestimmung niemals dem Souverän obliegen

Vielmehr bedarf es eines besonderen Organes — „un agent propre" — das den Staatswillen zur Ausführung bringt und dementsprechend ein „Diener des Souveräns" ist. Das ist die Regierung. Sie hat zwischen dem Souverän und den Unterthanen zu vermitteln, indem sie die Anordnungen des ersteren: die Gesetze zur Ausführung bringt. Und zwar erteilt der Souverän den mit dieser Ausführung betrauten Personen — den Regenten oder Magistraten — Befehle an das Volk, d. i. die Gesamtheit der Unterthanen.[1])

Will man für die Beziehungen zwischen diesen drei Faktoren normative Gesichtspunkte aufstellen, so mufs man sich zunächst vergegenwärtigen, dafs diese Beziehungen durch eine vielfältige und keineswegs präzis zu fassende[2]) Menge von Ursachen bestimmt werden. Unter ihnen läfst sich die Zahl eines Volkes als ein zur Verdeutlichung dienendes Exempel herausgreifen. Je geringer die Anzahl der Volksgenossen in einem Gemeinwesen ist, um so mehr Aussicht hat der Wille des Einzelnen, in den durch die Gesamtheit des Volks erzeugten Gesetzen zur Geltung zu kommen. Daher braucht die ausführende Gewalt weniger Machtmittel als in einem volkreichen Staat, in dem die Gesetze weit mehr von den Interessen der Einzelnen differieren. Je weniger also die Einzelwillen dem gemeinen Willen entsprechen, d. h. je gröfser die Staaten sind, um so intensiver mufs die Regierungsgewalt sein. Eine gröfsere Stärke der Regierung macht aber wiederum eine entsprechende Verstärkung der Macht des Souveräns notwendig, da hier die Gefahr eines Mifsbrauchs gröfser ist und daher der Souverän seinen „Beamten" gegenüber ein nachdrückliches Ansehen besitzen mufs.

Die Schwierigkeiten liegen demnach darin, dafs der regierende Körper zur Erreichung seines Zwecks mit Machtmitteln ausgestattet sein mufs, und andrerseits die gesamte Staatskonstitution nicht angreifen darf. Dies geschieht aber, sobald er von dem „rechtlichen" Souverän — der einzigen durch sich selbst Kraft und Existenz besitzenden Macht im Staate — unabhängig und dadurch zu einem weiteren faktischen Souverän wird. Die Einheit des Staates ist dann unrettbar verloren.[3])

---

[1]) III, 1.

[2]) „la précision géométrique n'a point lieu dans les quantités morales." III, 1.

[3]) Vergl. zu dem bisherigen III, 1.

Zwei Fragen sind also in der Regierungsphilosophie zu scheiden:

1. wie mufs eine Regierung beschaffen sein, um die ihr verliehene Macht durchzusetzen?

2. wie mufs eine Regierung beschaffen sein, um mit der Rechtsordnung in Einklang zu stehen? (Oder: Wie sollen Gesetze ausgeführt werden?)

In jedem Falle kann als idealer Mafsstab für eine Gesetzgebung der Satz aufgestellt werden, dafs der individuelle Wille gleich Null, der Wille der Regierung von untergeordneter Kraft, der gemeine Wille dagegen die oberste Herrschaft besitzen soll. Aber, wie allgemein in sozialen Dingen, besteht auch hier ein Zwiespalt zwischen den Aufgaben des Rechts und der Ordnung der Natur. Während in der letzteren der gemeine Wille stets der schwächste, der der Regierung der zweitstärkste und der Eigenwille Allherrscher ist, „de sorte que dans le gouvernement chaque membre est prémièrement soi-même et puis magistrat et puis citoyen," — verlangt die soziale Ordnung die gerade entgegengesetzte Reihenfolge.[1]) Daher ergiebt die Schätzung der Regierungsform nach ihrer Leistungskraft die Forderung einer Einheit der Regierung. Die stärkste Regierung ist die eines Einzigen. Denn da hier Sonderwille und Regierungswille zusammenfallen, gewinnt der letztere erhöhte Stärke. Dagegen kommt das Minimum von Kraft einer Regierung durch die Gesamtheit des Volkes zu. Der Regierungswille vermischt sich nämlich bei dieser Regierungsform mit dem Volkswillen, so dafs dem Einzelwillen alle Kraft bleibt. Diese Erkenntnis, dafs die Regierung an Stärke einbüfst, je mehr Personen regieren, wird ferner gestützt durch die Thatsache, dafs die Geschäfte naturgemäfs langsamer erledigt werden, je mehr Personen mit ihrer Ausführung betraut werden. Da nun andrerseits die „force reprimante" einer Regierung um so ansehnlicher sein mufs, je gröfser der Staat ist, so ergiebt sich, gemessen nach der Wirksamkeit der drei Grundformen, als Resumé, dafs die Demokratie für kleine, die Aristokratie für mittlere und die Monarchie für grofse Staaten geeignet ist.[2])

II.

Tiefer und schwieriger zu entscheiden ist die Frage nach der Berechtigung (rectitude) der einzelnen Regierungsformen. Diese Untersuchung soll herkömmlich eine Antwort auf die Frage nach der besten Regierung geben. *Rousseau* lehnt die

---

1) III, 2 und Ec. polit. 281, 282.

2) III, 2, 3.

allgemeine Beantwortung dieser Frage zunächst ab. Eine jede Regierung kann für bestimmte Zeiten und Völker gut, für andere schlecht sein.[1])

Trotzdem spricht er — und mit Recht — derjenigen Form den Vorzug vor allen anderen zu, bei welcher die Klügsten so herrschen, dafs sie das Volkswohl, nicht ihren eigenen Vorteil im Auge haben.[2]) *Rousseau* steht also hier auf dem gleichen Standpunkt, wie *Sidney*,[3]) er ist ein Anhänger aristokratischer Regierungen. Ihre Gefahr bestände nur darin, dafs die regierende Macht leicht vom Vater auf den Sohn übergehen, und so die schlechteste aller Regierungen: die Erbaristokratie entstehen könnte.[4])

Die gleiche Gefahr kehrt in verstärktem Mafse bei der Monarchie wieder. Die Unruhen, die in Wahlmonarchieen der Tod des Herrschers zur Folge hat, treiben zur Einführung des erblichen Königtums. Die Völker ziehen eine scheinbare Ruhe einer guten Regierung vor, sie riskieren es eher, Kinder, Ungeheuer und Imbezile zu Königen zu haben, als jedesmal über die Wahl eines guten Königs in Streit zu geraten.[5])

Aber auch sonst sind die monarchisch regierten Völker nicht genügend gegen eine Kränkung ihrer Rechte gestützt. Denn der Monarch kann seine persönlichen Interessen dem Volkswohl entgegensetzen und zur Erreichung seines Ziels nach *Macchiavelli*scher Weisheit knechtische Schwäche und Widerstandsunfähigkeit der Völker heranzüchten, anstatt ihr Gedeihen und ihre Kraft zu befördern. Dazu kommt, dafs Monarchen zumeist schlecht beraten sind. „Ein Mann von wirklichem Verdienst ist ebenso selten in (monarchischen) Ministerien, als ein Dummkopf an der Spitze einer Republik zu finden.“[6])

Diesen Nachteilen darf man nicht als Heilmittel die Mahnung entgegensetzen, ohne Murren zu gehorchen und schlechte Könige, wie Himmelsstrafen, zu ertragen. Das mag eine sehr erziehliche Bemerkung sein, nur pafst sie auf die Kanzel, nicht für ein Lehrbuch der Politik. „Was würde man von einem Arzt sagen, der Wunder verspricht, und dessen ganze Kunst darin besteht, seine Kranken zur Geduld zu ermahnen? Dafs man eine schlechte

---

[1]) III, 3.

[2]) III, 5: „Das ist die beste und naturgemäfseste Ordnung: die Klügsten sollen die Menge regieren, sobald man sicher ist, dafs sie dies zum Besten jener, nicht ihrem eignen thun.

[3]) Vergl. oben 54 Anm.

[4]) III, 5 u. 9 Anm.

[5]) III, 6. Vergl. auch Consider. Ch. 14 S. 294: „Die Erblichkeit der Krone verhütet Unruhen, aber erzeugt Sklaverei; die Wahlmonarchie erhält die Freiheit, aber sie erschüttert bei jedem Regierungsanfang den Staat.“

[6]) III, 6.

Regierung ertragen mufs, wenn man sie hat, ist selbstverständlich; es fragt sich, wie eine gute Regierung sein soll?"[1])

Übrigens ist *Rousseau* keineswegs blind gegen die Vorzüge der Monarchie. Er erkennt an, dafs sie die Fähigkeit zur gröfsten Machtentfaltung besitzt. Alles strebt hier dem gleichen Ziel zu, alle Teile der Maschine sind in der gleichen Hand, es fehlt an hemmenden Gegenströmungen, kurz es giebt kaum eine Staatskonstitution, bei der eine geringe Anstrengung eine so erhebliche Wirkung hervorruft. *Archimedes*, der ruhig am Ufer sitzt und mühelos ein grosses Schiff flott macht, repräsentiert daher für *Rousseau* einen geschickten Monarchen, der von seinem Kabinett aus gewaltige Staaten regiert und, unbeweglich scheinend, alles in Bewegung setzt.[1])

Die dritte der Regierungsgrundformen: die Demokratie beurteilt *Rousseau* mit klarer Einsicht in ihren Wert, aber auch vollem Bewufstsein der Schwierigkeiten ihrer Verwirklichung. Schafft der Volkswille die Gesetze, so scheint es, als wenn ihre sachgemäfse Ausführung am sichersten derselben Macht: der Gesamtheit des Volkes übertragen würde. In der That wäre diese Regierungsform vollkommen. Nur verlangt sie so viele Voraussetzungen, dafs sie nur bei einem Volk von Göttern angebracht ist. Denn die Verführung, seinen privaten Interessen bei öffentlichen Angelegenheiten Geltung zu verschaffen, ist hier ebenso grofs, wie die Gefahr ständiger Bürgerkriege und innerer Aufwiegelung. Daher ist eine wirkliche Demokratie nur möglich in einem kleinen Staate, dessen Bewohner Reinheit und Einfachheit der Sitten, sowie möglichste Gleichheit nach Rang und Vermögen auszeichnen. Mit anderen Worten: sie erscheint ihm unter Menschen überhaupt nicht möglich: „mais j'ai déjà dit qu'il n'y avait point de véritable démocratie."[3])

Streng genommen, weist die Wirklichkeit keine dieser Grundformen in reiner Gestalt auf, vielmehr finden sich überall Mischformen, denen zum Teil die eine, zum Teil die andere Grundform entspricht. Ein Monarch gebraucht zur Ausführung seiner Mafsregeln immer eine Reihe von Unterbeamten, während eine demokratische Regierung durch einen einheitlichen Leiter zusammengehalten werden mufs. Zwischen diesen Teilen kann, wie in den angeführten Fällen, ein Subordinations- oder auch ein Koordinationsverhältnis bestehen. Im letzteren Falle mufs auf irgend eine Weise

[1]) III, 3.
[2]) III, 6.
[3]) IV, 3 und III, 4.

der Zusammenhang zwischen ihnen gewahrt werden, wie es z. B. in England geschieht, wo Regierung und Parlament in einem gegenseitigen Abhängigkeitsverhältnis mit relativer Selbstständigkeit neben einander stehen.[1]

III.

Während uns die zuletzt dargestellten Untersuchungen bereits in das Detail der Staatswissenschaften führen, kehren wir wieder mit der Besinnung anf die Grenzen der Regierungsgewalt zu einem rechtsphilosophischen Problem zurück. Zu seiner Lösung hat man den Rechtstitel zu untersuchen, auf dem die Gültigkeit der Regierung beruht. Zweierlei ist bei der Einrichtung einer Regierung zu unterscheiden: die Bestimmung einer Regierungsform und die Ernennung einzelner Personen zu Regierenden. Während der erste Vorgang ein Akt der Souveränetät und somit ein Gesetz ist, ist die Ernennung der einzelnen Regenten eine Ausführung dieses Gesetzes — ein Sonderakt.[2]

Da aber die Souveränetät weder veräufsert noch geteilt werden kann, so kann es sich in beiden Fällen nicht um eine endgültige Bindung des Volkes handeln. Daraus folgt einmal der bereits besprochene Grundsatz, dafs das Volk niemals an eine erbliche Regierungsform gebunden ist, sondern dafs auch hier nur eine provisorische Form vorliegt, deren Annahme oder Ablehnung in jeder neuen Generation das Recht der Gesamtheit ist.[3]

Und das Gleiche läfst sich für die Ernennung der Regenten deduzieren. Da die Regierungspersonen die Gesetze ausführen und also den Volkswillen vollziehen sollen, so haben sie lediglich eine vom Souverän entliehene Existenz und sind „simples officiers du souverain“.[4]

Daher ist es falsch, ihre Einsetzung als Vertrag aufzufassen. Denn da die Bürger durch den sozialen Vertrag gleich werden, so dürfen ihre Pflichten nur durch die Gesamtheit diktiert werden. Niemand hat ein Recht, von einem anderen eine Handlung zu fordern, die er selbst verweigert. Wäre die Regierungsgewalt wirklich durch einen Vertrag zwischen Volk und Herrschern begründet, derart, dafs der eine Teil sich zu Gehorsam, der andere zur Herrschaft verpflichte, so würde das Volk einen Oberen haben, — was dem Begriff der höchsten Gewalt widerstreitet. Zudem würde ein der-

---

1) III, 7.
2) III, 17.
3) III 18.
4) III, 1.

artiger Vertrag im Widerspruch zu dem Charakter des rechtlichen Lebens stehen, da hier das Volk in Sonderabhängigkeit von dem Herrscher geriete und für die Verpflichtungen der Kontrahenten keinerlei Garantieen aufzustellen wären.[1])

Es giebt im Staate nur einen Vertrag, den der Vereinigung. Die Einrichtung der Regierung ist ein bloſser Auftrag.

Hieraus ergeben sich die bekannten Konsequenzen der „Monarchomachen.“ Sobald die Regierung das Recht unterdrückt, und der Einzelwille des Regierenden die Herrschaft über den gemeinen Willen der Gesetze erlangt, ist die Souveränetät durch die Regierung vergewaltigt, d. h. der soziale Vertrag gebrochen. In diesem Augenblick erlangen die Bürger von Rechtswegen ihre natürliche Freiheit wieder und sind nur noch gezwungen, nicht mehr verpflichtet zu gehorchen.[2])

Daher handeln sie rechtmäſsig, wenn sie die Regierung absetzen und neue Anführer ernennen. Freilich darf eine Regierung nur dann angetastet werden, wenn sie mit dem Gemeinwohl unverträglich wird, freilich sind jene Veränderungen gefährlich. Aber diese Vorsicht (circonspection) ist eine Maxime der Politik, keine Rechtsregel. Verpflichtet seinen Anführern die bürgerliche Autorität zu lassen, ist der Staat ebensowenig wie die militärische seinen Generälen.[3])

Es verlohnt, diesen Grundsatz des Näheren zu beleuchten. Wenn es auf der einen Seite begreiflich ist, daſs er in einer von wirtschaftlichen und politischen Konflikten zerfressenen Zeit gleich einem zündenden Funken wirkte, so verlangt die historische Gerechtigkeit andrerseits, den theoretischen Kern jenes Satzes scharf von seiner historischen Wirksamkeit zu sondern. Denn in Zeiten der Erregung kann der Staatsphilosoph oder Politiker durch seine Worte leicht Gefahren für ein verrottetes Staatswesen hervorrufen. Die Erkenntnis solcher kausalen Zusammenhänge darf die Kritik nicht beeinflussen.

Für diesen rein theoretischen Standpunkt bleibt jener Gedanke zwar revolutionär, verdient aber keineswegs die namentlich in der älteren Literatur üblichen Vorwürfe frivoler Aufreizung zum Umsturz. In Wahrheit entspringt er einer — zwar nicht weltklugen — aber hochherzigen Schätzung der Gesetze. Wenn das Recht ein Organ des Volkswohles ist, und seine Anordnungen nur hierdurch berechtigende und verpflichtende Kraft erlangen, so hat eine Rechtsordnung, die diesem Endzweck widerstreitet, nur noch

---

[1]) III, 16.
[2]) III, 10.
[3]) III, 18.

faktischen Wert. Ihr zu gehorchen, kann berechnende Feigheit oder Schwäche lehren. Die Gültigkeit einer solchen Ordnung ist unterhöhlt. Die Aufforderung an ein Volk, solchen Geboten Widerstand entgegenzusetzen und sein Recht im Kampfe gegen Willkürherrschaft zu suchen, erscheint als logische Konsequenz der naturrechtlichen Grundlagen.

Dafs freilich bei ihrer Umsetzung ins Praktische aus der von dem Gesamtwillen getragenen Volkspersönlichkeit eine wilde und blinden Instinkten folgende Menge werden kann, ist nicht zu verkennen, auch von *Rousseau* niemals übersehen. Er betont selbst die Schwierigkeit, in einem solchen Fall die Formalitäten eines regulären und gesetzmäfsigen Aktes einzuhalten und den Willen des Volksganzen — nicht das Geschrei einer Partei — zur Geltung zu bringen. „Aber gerade hier darf man einen häfslichen Einzelfall nicht anders beurteilen, als ihm nach der Strenge des Rechts zukommt.“ [1])

Sobald man nämlich jene ängstliche Rücksicht auf die öffentliche Ordnung und ihre Erhaltung walten läfst, liefert man der Regierung die stärkste Waffe zum Mifsbrauch ihrer Gewalt aus. Es vollzieht sich dann die *Rousseau* aus den Genfer Wirren bekannte Entwicklung, indem die Regierung ihr Amt nach eigenem Gutdünken, nicht den Intentionen des Souveräns verwaltet und sich „sous le prétexte du repos public“ der lästigen Kontrolle durch die Volksversammlungen entzieht. Stimmt der Souverän diesem Verhalten zu und besteht nicht auf seinem Recht, über die Einhaltung der Gesetze zu wachen und nötigenfalls die Regierung abzusetzen, so geht früher oder später die souveräne Gewalt auf die Regierung über. [1])

Viertes Kapitel:

Die Grenzen des Rechts.

> „Dieser Titel steht nur hier, um eine Stelle zu bezeichnen, die im System übrig bleibt und künftig ausgefüllt werden mufs.“
>
> *Kant*, Kritik der reinen Vernunft. 2. Aufl. S. 880.

Das Motto soll die Zusammenfassung einer Reihe von Gedanken rechtfertigen, die bei *Rousseau* nur gelegentlich und zerstreut, nicht in systematischer Geschlossenheit auftreten.

---

[1]) III, 18.

I.

Hierzu gehört zunächst das Verhältnis von Recht und Religion, das *Rousseau* in dem letzten (IV, 8) Kapitel seines Contrat social untersucht.

Die hier entwickelten Lehren einer „religion civile" unterliegen der Gefahr eines Mifsverständnisses und sind in der That vielfach zu Unrecht im Sinne eines Absolutismus ausgedeutet worden, der ihnen, wie zu zeigen ist, gänzlich fern liegt. Zu ihrem Verständnis mufs man sich zunächst zum Bewufstsein bringen, dafs es sich hier nicht um Gedankenreihen handelt, die aus dem System des Contrat social erwachsen sind, vielmehr um langgehegte Lieblingsideen *Rousseaus*, die ihre besondere Prägung durch seinen Hafs gegen die katholische Kirche und seine Verehrung für die traditionellen Anschauungen des Kalvinismus [1]) erhalten. Während er einerseits in der intoleranten Priesteranmafsung der ersteren eine für das Wohl der Bürger ebenso wie die Zwecke des Staats verhängnisvolle Gefahr erblickte, erschien ihm andrerseits *Kalvins* kraftvolle politische Sorge für eine „reine und wahre" Religion als wertvollste Förderung der staatlichen Einheit. Auf dieser Gefühlsgrundlage ruht eine von *Rousseau* verschiedentlich zum Ausdruck gebrachte Zwiespältigkeit: die kalvinistische Annahme, dafs es religiöse Fragen gebe, an deren Lösung Staat und Gesellschaft interessiert seien, soll mit der Forderung vollkommener Freiheit in Angelegenheiten des religiösen Kultes in Einklang gesetzt werden. Will man die von *Rousseau* als möglich angenommene Vereinigung dieser Gegensätze begreifen, so darf man ferner die zu diesem Behufe aufgestellten Konstruktionen nicht der religiösen Dogmatik zurechnen, mufs vielmehr ihren politischen — nicht theologischen — Charakter im Auge behalten.

Die dritte Vorbedingung eines Verständnisses der in dem Schlufskapitel des Contrat social niedergelegten inhaltreichen Ideen ist die Kenntnis der Interpretation, die *Rousseau* in den Briefen vom Berge hierzu gegeben hat, sowie eines Schreibens an *Voltaire*, das die Gedanken einer „religion civile" lange vor dem Erscheinen des Contrat social vertritt. Gerade dieser in der Literatur über *Rousseau* mit Ausnahme einer Spezialuntersuchung [2]) nicht berücksichtigte Brief dient zur Aufhellung verkehrter Ausdeutungen.

Rousseau spricht hier [3]) zunächst seine Entrüstung aus über die in den modernen Gemeinwesen üblich gewordene Beschränkung

---

[1]) Siehe die Nachweise bei *Gierke* S. 56 ff.
[2]) *Borgeaud*, Rousseaus Religionsphilosophie. 1885. Jen. Dissert.
[3]) Brief an *Voltaire* am 18. August 1756, Bd. X S. 131.

der Glaubensfreiheit und die Gewissenskontrolle von Staatswegen. „Haben die Könige dieser Welt denn einen Einblick in das Jenseits, steht ihnen das Recht zu, ihre Unterthanen zu quälen, um sie zu einem Eingang in das Paradies zu zwingen? Nein, die menschliche Herrschaft (tout gouvernement humain) beschränkt sich ihrer Natur nach auf die bürgerlichen Pflichten. Was auch der Sophist *Hobbes* sagen mag, sobald ein Mensch dem Staate treu dient, schuldet er niemand eine Rechenschaft über die Art, wie er Gott dient." [1]) — Das ist die eine Seite der Frage. Andrerseits erkennt *Rousseau* an, dafs es eine Art von Glaubensbekenntnis giebt, das die Gesetze auferlegen „können". Aber dies soll lediglich ein „Bürgerkatechismus" sein, es soll die „sozialen Grundsätze" der Moral und des Naturrechts enthalten und im übrigen „purement négative" sein, indem es nämlich zur Erhaltung des Staatsfriedens das odiöse Dogma der Intoleranz nicht als eine gottlose, sondern staatsgefährliche (séditieux) Maxime ächtet. Die nähere Ausgestaltung dieser Lehren enthält der Contrat social in dem angegebenen Kapitel.

Auch hier will *Rousseau* nach seiner eigenen Erklärung[2]) nicht die Religion nach ihre Güte und Gültigkeit untersuchen, sondern in ihren Beziehungen zum Staat als möglichen Teil der Gesetzgebung. Das Resultat, zu dem er gelangt, ist die strikte Anerkennung, dafs die Religion gegenwärtig keinen Teil der Gesetzgebung bilden könne. Denn die Gesetzgebung betrifft lediglich die Handlungen der Menschen, sie kann nicht befehlen zu glauben. Daher sind die Wissenschaft vom Heil der Seelen und der Regierung grundverschieden.[2])

Freilich ist nicht zu verkennen, dafs er diesem Ziel im Contrat social keineswegs in gerader Richtung zusteuert, vielmehr Meinungen entwickelt, die durchaus anders geartet scheinen. Ihnen haben wir nunmehr unsre Aufmerksamkeit zuzuwenden.

In der Geschichte der Religionen unterscheidet *Rousseau* drei Arten:

1. Die Religion des Menschen: „le droit divin naturel",

2. die Religion des Bürgers: „droit divin civil ou positif",

und 3. eine Art von Religion, die höchst sonderbar ist, da sie den Menschen zwei Gesetzgebungen, zwei Anführer und ein doppeltes Vaterland anweist, und dadurch, dafs sie sie widersprechenden Pflichten unterwirft, hindert zu gleicher Zeit fromm und Bürger zu

---

[1]) Brief an *Voltaire* vom 18. August 1756, Bd. 10 S. 131.

[2]) Briefe vom Berge I, Werke Bd. III, S. 130, 132.

sein. „Das war die Religion der Lamas und Japaner, solcher Art ist auch das römische Christentum.“

Sobald man einen politischen Maſsstab an diese Religionen anlegt, treten bei einer jeden Fehler zu Tage. Die dritte vollends ist so schlecht, daſs man keine Zeit zu verlieren braucht, um dies zu zeigen. Einrichtungen, die den Menschen mit sich selbst in Widerspruch setzen, wie diese „Priesterreligion“, und die soziale Freiheit damit zerstören, dürfen in einem Staate keine Gültigkeit besitzen.

Anders verhält es sich mit der zweiten Gruppe. Hierunter sind alle in theokratisch regierten Staaten vorgeschriebenen Religionen zu rechnen, bei denen entweder die Könige direkt als Götter oder jedenfalls diese als besondere Staatsgottheiten angesehen werden. Da hier die staatlichen Gesetze als göttliche Gebote auftreten, ist diese Form der Religion besonders geeignet, festere Staatsbande unter den Bürgern zu knüpfen; denn Staatsdienst fällt für diese Auffassung mit Gottesdienst zusammen. Andrerseits ist aber diese Theokratie auf Lüge und Irrtum gebaut: sie täuscht die Menschen und artet allmählich zu leerem Zeremoniell aus. Zudem besteht die Gefahr, daſs derartige Völker mit dem Augenblick ihres Erstarkens intolerant werden und sich ketzerwitternder Blutlust hingeben: dadurch gelangen sie leicht in einen dauernden Kriegszustand zu anderen Völkern, der für ihre eigne Sicherheit höchst gefährlich wird.

„Es bleibt also nur noch die Religion des Menschen oder das Christentum: -- nicht freilich das von heute, sondern das von diesem durchaus verschiedene Christentum des Evangeliums.“ Aber auch diese Religion ist, mit politischem Maſse gemessen, keineswegs vollkommen. Denn wenn sie auch die brüderliche Gleichheit der Kinder Gottes predigt und hierdurch die Menschen einer vollkommenen Gemeinschaft in ethischer Hinsicht unterstellt, so hat sie andrerseits keine direkten Beziehungen zu politischen Organisationen. Ja, sie steht sogar insofern dem sozialen Geist geradezu entgegen, als sie die Augen ihrer gläubigen Anhänger von dieser Welt ablenkt. Eine Gesellschaft von wirklichen Christen sei als politische Gesellschaft fast undenkbar. Dies beweist *Rousseau* durch eine grelle Beleuchtung der asketischen Züge des Urchristentums. Der Grundzug einer derartigen Gemeinschaft wäre ergebene Resignation. Was liegt daran, ob man frei oder geknechtet ist in diesem „Jammerthal“, was liegt daran, ob man durch ein anderes Volk oder den eigenen Herrscher unterjocht wird oder sich einer glücklichen Macht erfreut? Die Vorsehung schickt das eine, wie das andere: strikter Gehorsam gegen die Gebote der Obrigkeit und

Gleichgültigkeit gegen alles Irdische sind die einzigen Pflichten in dieser Welt der Vorbereitung.

Ersichtlich entfremden solche Gedanken ihre Bekenner den Interessen des Staates. Und da das Recht der Staatsgewalt nach Umfang, wie Grenzen durch die Rücksicht auf das allgemeine Wohl bestimmt wird, so ergiebt sich für *Rousseau* die kalvinistische Forderung, dafs der Souverän ein politisches Glaubensbekenntnis festsetzt. Freilich sollen dessen Lehren nicht religiöse Dogmen sein, sondern Grundsätze des sozialen Lebens (sentimens de la sociabilité), ohne die man weder ein guter Bürger noch getreuer Unterthan sein kann. Niemand darf gezwungen werden, an jene Grundsätze zu glauben, aber jeder, der dies nicht thut, soll aus dem Staate verbannt werden, und zwar wiederum nicht als Gottloser, vielmehr als einer, der nicht sozial ist, der nicht die Fähigkeit besitzt, die Gesetze und die Gerechtigkeit aufrichtig zu lieben und, wenn es sein mufs, sein Leben seiner Pflicht zu opfern. Wer sich vollends zu diesen Grundsätzen öffentlich bekannt hat und sein Verhalten im Widerspruch zu ihnen setzt, soll mit dem Tode bestraft werden(!). Er hat das schwerste Verbrechen begangen, er hat vor den Gesetzen gelogen.

Die „Dogmen" dieser bürgerlichen Religion sind aber doppelter Art. Positiv enthalten sie den Glauben an eine allmächtige, allwissende und allgütige Vorsehung, das zukünftige Leben, das Glück der Gerechten und die Bestrafung der Übelthäter, die Heiligkeit des sozialen Vertrages und der Gesetze, negativ lediglich den Grundsatz der Intoleranz.

Es kann gänzlich dahin gestellt bleiben, ob jene Lehren wirklich als Vorbedingungen des gesellschaftlichen Lebens aufzufassen sind, jedenfalls läfst sich nicht leugnen, dafs ihr positiver Bestand — die Vernunftforderungen des Deismus — trotz *Rousseaus* entgegengesetzter Erklärung religiös-dogmatischen Charakter tragen. Daher scheint die Annahme geboten, dafs *Rousseau* hier in der That den in dem Brief an *Voltaire* eingenommenen Standpunkt verläfst und die religiöse Gewissensfreiheit dem Staatsganzen opfert.[1])

Trotzdem ist diese Folgerung irrig. Denn *Rousseau* hat auch hier, seinem Temperament folgend, Gedanken ausgemalt, die ihm als ideale Postulate am Herzen lagen, — aus welchem Grunde, soll unten gezeigt werden — die er aber dann als inpraktikabel durch andersgeartete abgelöst hat. Er bricht nämlich jenen rigorosen

---

[1]) *Kritschewsky*, J. J. Rousseau und St. Just. Bern 1895. S. 29; ferner *Girardin*, a. a. O. II, 389: „Le citoyen de Rousseau reçoit de l'Etat son Dieu et sa religion comme il en reçoit tous ses autres droits et tous ses autres sentiments."

Anschauungen durch die Erklärung die Spitze ab, dafs es heute weder eine exklusive Staatsreligion giebt, noch geben kann, und dafs man infolgedessen alle religiösen Meinungen zu dulden habe, sofern sie nicht den bürgerlichen Pflichten geradezu widerstreiten. Hierzu rechnet er — unter Preisgebung jener „positiven" Dogmen — lediglich den Satz, „dafs es aufser der Kirche kein Heil gebe" — „un tel dogme n'est bon que dans un gouvernement théocratique; dans tout autre il est pernicieux".[1])

Es bleibt also dabei, dafs die Religion nicht zum integrierenden Bestandteil einer Gesetzgebung erhoben werden darf, und dafs lediglich Äufserungen von vermeintlich religiösem Gefühl, die dem Staatsfrieden gefährlich werden, (z. B. religiöse Verketzerung) zu unterdrücken sind.

Wie zu erwarten stand, unterlagen die Ausführungen über die „religion civile" einer heftigen Anfeindung seitens der offiziellen Vertreter des Christentums. *Rousseau* nahm daher in den „Briefen vom Berge" nochmals Veranlassung, die für ihn mafsgebenden Gedanken zu betonen. Von den beiden Eventualitäten: die christliche Religion zu einer Staatsangelegenheit zu machen oder in Unabhängigkeit von dem politischen System zu belassen, wendet er sich hier offen der letzteren zu. Die christliche Religion sei durch die Reinheit ihrer Moral stets gut für einen Staat, — nur dürfe man sie nicht zu einem Teil seiner Konstitution erheben, sie sei von Segen, sofern man sie als Religion, Gefühl, Glauben zulasse, aber als politisches Gesetz infolge ihres weltentfremdenden Charakters eine entschieden schlechte Einrichtung.[2])

Die Ausführungen *Rousseaus* über die Beziehungen zwischen Staat und Religion stehen in keinerlei Verwandtschaft mit den entsprechenden Gedanken von *Hobbes* und *Locke*. Gegen jenen wendet sich *Rousseau* direkt: die von ihm[3]) geforderte Einheit des Souveräns, der die kirchlichen Geschäfte ebenso wie alle anderen Lebensäufserungen der Unterthanen zu bestimmen hat, scheint ihm unverträglich zu sein mit der menschlichen Natur, weil sich die ungleich stärkeren Priesterinteressen niemals von staatlichen Interessen unterjochen lassen würden.[4]) Aber auch die von *Locke* gelehrte Trennung von Staat und Religion[5]) steht nicht in historischem Zusammenhang mit *Rousseaus* Gedanken. Diesen ist vielmehr durchaus originell das Streben eigentümlich, für politische Fragen den

---

[1]) S. 389 im C. 8.

[2]) Briefe vom Berge I, Werke III, 131.

[3]) Vergl. *Hobbes*, Leviathan C. 39.

[4]) IV, 8. S. 385.

[5]) Siehe die Darstellung bei *Lechler*, Geschichte des englischen Deismus. Stuttgart 1841, 82 ff., 172 ff.

dogmatischen Teil des Christentums von seinen ethischen Grundlehren loszulösen. Das verbitterte und kleinliche Sektenwesen seiner Zeit, die ständigen Intriguen und Inquisitionsprozesse gegen Leute mit selbständigen religiösen Meinungen erschienen ihm ebenso schädlich für tieferes religiöses Empfinden, wie verhängnisvoll für das durch solche Zwiste zerfressene Gemeinwesen. Daher das Streben nach einer Rechtsorganisation, die jede theologische Verketzerung ahnde, im übrigen aber jedem seine freie Meinung in dogmatischen Fragen lasse. Durchkreuzt wurde diese Strömung andererseits durch das Bewufstsein, dafs eine von Formelkram befreite religiöse Vertiefung die beste Förderung ethischer Handlungsweisen sei und infolgedessen auch die Tendenz habe, die sozialen Bande zu verstärken. Seine fehlgeschlagenen Konstruktionen eines bürgerlichen Glaubensbekenntnisses sind nicht aus dem Streben herausgeboren, die Religion in die Machtsphäre des Rechts zu verlegen und also in der Weise des *Hobbes* die Freiheit der individuellen Meinung dem Staatsgedanken unterthan zu machen, vielmehr durch den Gedanken inspiriert, dafs das von ihm errichtete Rechtsfundament eines Stützpunktes durch den moralischen Gehalt der Religion bedarf. Dieser Zusammenhang, der zugleich auf die allgemeinen Beziehungen zwischen Recht und Sittlichkeit führt, ist genauer zu verfolgen.

II.

Rousseaus Theorie über die Bestimmungsgründe des einzelnen zum rechtlichen Handeln war, wie wir sahen, von der Forderung getragen, dafs der einzelne aus wohlverstandenem Egoismus den Geboten des Rechts nachkommen solle. Wenn aber auch für die vernünftige Betrachtungsweise das Wohl der Gesamtheit mit dem Wohl der einzelnen zusammenfällt, so bewirken andrerseits Leidenschaften und kurzsichtiges Jagen nach gegenwärtigen Vorteilen eine Verschiebung dieses Standpunktes. Daher ist trotz der „wunderbaren Harmonie zwischen Interesse und Gerechtigkeit"[1]) der Zwang eine unentbehrliche Begleiterscheinung des Rechts. Durch ihn können die egoistischen Triebfedern zu legalem Verhalten zwar beträchtlich verstärkt, niemals aber Zustände geschaffen werden, die den rechtlichen Geboten unerschütterliche Sicherheit und Kraft verbürgen. Denn es bedarf keiner Ausführung, dafs unter der Voraussetzung, dafs jede Handlung utilistischen Motiven entstammt, die Macht der Gesetze erlahmt, sobald der einzelne stark genug ist, ihnen straflos entgegen zu handeln. Nimmt man an, dafs die Pflicht zum Gehorsam der Rechtsordnung gegenüber übernommen ist, weil die mensch-

[1]) II, 4.

liche Schwäche soziale Einrichtungen notwendig gemacht hat, und dafs hierin der zureichende Grund des Rechts zu finden ist, so erscheint die Schlufsfolgerung unvermeidlich, dafs die Gültigkeit der Rechtsordnung nicht weiter reicht, als ihre Macht.

Sollen die Gesetze daher nicht wertlos (vaines) sein unter Menschen, so bedürfen sie aufser ihrer konventionellen Gültigkeit einer natürlichen Sanktion.[1])

Diese liegt vor, sobald der einzelne nicht nach krämerhafter Abwägung der Vor- und Nachteile die Gesetze befolgt oder übertritt, sondern durch ethische Maximen geleitet wird. Da die Autorität der Gesetze durch den Nützlichkeitskalkul infolge der Affekte und Kurzsichtigkeit der Menschen nur schwach gestützt wird, verlangt die Rechtsordnung notwendig eine Macht, die die dem Recht zur Verfügung stehenden Motivationskräfte fördernd stärkt. Diese Mission haben nach *Rousseaus* Auffassung Religion und Sittlichkeit gemeinsam zu bewirken. Ihre Wirksamkeit soll in der angegebenen Richtung erfolgen: das Verhalten der Unterthanen soll nicht durch den Verstand, sondern das Herz diktiert werden. Daher hat der Staat ein Interesse daran, dafs jeder Bürger eine Religion hat, die ihn seine Pflichten lieben lehrt.[2]) — „Wollt Ihr, dafs man den Gesetzen gehorche, so bewirkt, dafs man sie liebe!"; denn ihre Autorität ist absolut, wenn sie bis in das Innere des Menschen dringt.[3])

Diese Vertiefung der Anschauungen kann aber natürlich nicht die „Aufgabe eines Tages" sein, vielmehr nur das Resultat eines langen und von Jugend auf thätigen Erziehungswerkes. Wie wir mit unserer Geburt an den Rechten der Bürger teilnehmen, sollen wir auch von diesem Moment an unsre Pflichten kennen lernen und gewöhnt werden, unsre Existenz untrennbar mit dem Wohl des Staatsganzen zu verknüpfen.[4])

Werden dem Staatsbürger von Kindheit an derartige Grundsätze eingeprägt, so befestigt sich in ihm allmählich eine Gesamtrichtung des Willens, bei der er die „Pflicht, seine Verbindlichkeiten zu erfüllen" — statt als Angelegenheit des Eigennutzes — als ein Gebot auffafst, zu dem ihn sein Gewissen antreibt. Fehlt dieses Pflichtgefühl den Menschen und halten sich diese nur um ihres Vorteiles willen an das Recht gebunden, so ist „alles eitel und illusorisch in der menschlichen Gesellschaft."[5]) Denn es hilft nichts, den Verstand der einzelnen zu schärfen und ihnen die vom

---

[1]) II, 6.
[2]) IV, 8.
[3]) Ec. polit. 285, 286.
[4]) Ec. polit. 291, 292.
[5]) Em. Livr. II, Werke 2, S. 68 Anm.

Recht geforderte Maxime „handle gegen andre, wie du wünschest, dafs man gegen dich handle“, als utilistisches Gebot hinzustellen. „Was soll mich, der ich doch ‚ich‘ bin, veranlassen, wie ein andrer zu handeln, zumal wenn ich überzeugt bin, dafs ich niemals in die gleiche Situation kommen werde? Wer sagt mir zudem, dafs die andern die gleiche Maxime befolgen werden?“ Anders verhält es sich, wenn sich die Kraft meiner sich mitteilenden Seele (âme expansive) mit meinen Nebenmenschen identifiziert![1])

Daraus folgt für *Rousseau*, dafs die Gerechtigkeit nicht aus dem Eigennutz, sondern aus der „Menschenliebe“ stammt und dafs dementsprechend die Erziehung zum Recht zusammenfallen soll mit der Erziehung des egoistischen zum sittlichen Menschen: „Voulez-vous que la volonté générale soit accomplie, faitez que toutes les volontés particulières s'y rapportent, et comme la vertu n'est que cette conformité de la volonté particulière à la générale, pour dire la même chose en un mot: faitez regner la vertu!“[2])

Dafs dieser Ausblick bereits die Keime zu einer anderen Fundierung des Rechts enthält, ist ebenso zweifellos, wie dafs die hier zum Ausdruck kommende Gedankenwelt in keiner Weise zu vereinigen ist mit der Lehre von der utilistisch bedingten Gültigkeit des Rechts.

Das Recht als die zu meinem Vorteil bestimmte Einrichtung und das Recht als sittliche Institution: das sind zwei Auffassungsweisen, die nicht zusammenzubringen sind, und von denen die eine auf das Naturrecht zurück —, die andere auf Kant und Fichte vorwärts — weist. Die Rechtsphilosophie des *Rousseau* bildet die Grenzscheide.

---

[1]) Em. Livr. IV, Werke 2.

[2]) Ec. polit. 286.

Druck von C. H. Schulze & Co. in Gräfenhainichen.

Kolibri 360 GmbH
Ferdinand-Jühlke-Straße 7
99095 Erfurt, Deutschland
produktsicherheit@kolibri360.de